戦争孤児と戦後児童保護の歴史

台場、八丈島に「島流し」にされた子どもたち

藤井常文

明石書店

はじめに

戦争によって生み出されたおびただしい数の戦争孤児と「浮浪児」を保護するために、国が打ち出した政策を背景に、東京都が採った対策のなかで主要な役割を果たしたのが児童保護施設である。それらは、新規開設された施設も、戦前・戦中から引き継がれた施設もともに、社会事業法に基づく救護施設として認可・継続されたり、一九四六（昭和二一）年一〇月一日に施行された生活保護法による保護施設となったりした後、一九四七（昭和二二）年一二月一二日公布の児童福祉法により順次、養護施設として認可された。以後、その多くが、ずっしりと重い歴史的な背景を背負い、なおかつ紆余曲折を経ながら、養護施設（現、児童養護施設）としての体制を整え、今日に至るまで営々とした現場実践を築き上げてきた。

しかし、そうした児童保護の歴史にあって、開設後、程なくして事業を閉鎖し、今やその存在も、その名称すらも忘れられている施設が少なくない。しかもそのなかに、終戦後の混乱した時代状況下にあって、東京都から児童福祉法に基づく養護施設として認可され、所管の民生局をはじめ、警視庁東京水上警察署や港区民生課、あるいは警視庁八丈島警察署、八丈支庁、島内の村役場など公的機関の後ろ盾がありながら、収容した戦争孤児に対して、児童福祉法の理念を踏まえた養護実践に取り組んでいたとは言い難い、むしろそうした養護実践とは程遠い、異質な様相を呈していた施設があった。

そのひとつが、東京湾に浮かぶ、品川沖のすぐ傍の台場に設立された東水園、もうひとつが、東京から二八七キロメートルも離れた太平洋に浮ぶ八丈島の大賀郷村《おおかごう》に設立された武蔵寮である。二つに共通するのは、「隔離」を目的とした「島流し」であったことと「狩り込み」された戦争孤児のなかでも「特質浮浪児」を収容する施設であった、ということである。

東水園と武蔵寮の歴史を取り上げたのは、いくつかの理由がある。

ひとつは、設立の背景とその後の経過において、東京都民生局が積極的な関わりを持ちながら、これまで都政史は無論のこと、民生局の児童保護史でも施設養護の歴史でも、取り上げられることなく、忘却の彼方に押しやられた感のある施設だからである。

もうひとつは、東京都民生局が、戦前の東京府の時代に小笠原父島に創設した府立感化院・小笠原修斉学園の失敗の歴史を教訓化していなかったことを明らかにしたかったからである。このことは後記するが、「島流し」の言葉に端的に表現されている。

台場と八丈島に「島流し」された戦争孤児らが、他の弧児らを収容する児童保護施設とは明らかに異質な生活を余儀なくされていたことは、紛れもない事実である。それゆえ、当時、この施設で懸命に生き抜いた戦争孤児のためにも、どのような事情で「島流し」にされ、そこでいかなる生活を余儀なくされていたのか、そして施設の運営主体はどこだったのか、さらに時代状況を踏まえ、施設がいかなる役割を果たしていたのかを明らかにし、それらを終戦後の児童保護史のなかに位置付けなければならないのである。

さらにもうひとつの理由がある。戦争の犠牲になり、以後、塗炭の苦しみの人生を余儀なくされた戦争弧児を再び生み出さない社会にしなければならないと考えるからである。戦争がなければ戦争孤児は生まれようがないのである。何としても戦争のない世のなかを持続しなければならないのである。戦争があったからこそ、戦争孤児が「狩り込まれ」、「島流し」にされ、施設で人道に反する扱いを受けた。その事実を児童保護、児童福祉の歴史にしっかりと留めておかなければならないのである。

本書は三章構成になっている。いずれも拙稿「終戦後における東京都の『特質浮浪児』対策の拠点となった養護施設（1）――八丈島に創設された武蔵寮の歴史」[2]及び「終戦後に東京都の『特質浮浪児』対策の拠点となった養護施設（2）――お台場に創設された東水園の歴史」[3]を下敷きに、新たに見つけた資料などによって大幅に加筆・修正したものである。また、第一章は、第二章及び第三章の前史である。

二つの施設に関わる歴史を解明する作業は困難なことであった。その最大の要因は、終戦直後から占領期にかけての児童保護に関わる資料が、予想に反して東京都公文書館にはほとんど保存されていないことにある。とりわけ民間養護施設の許認可に関わる公文書は皆無と言ってよい。また、保存されている可能性が高いと思われる資料も、キーワード検索に難渋し、取り出すまでに相当の時間を要するのである。一例を挙げれば、GHQ関連資料を取り出すには「進駐軍」や「渉外部」でなければならない。それゆえ、どこかに保存されていると考えられる有力な資料でも、いまだに見つけられないものがある。

もうひとつは、貴重な保存資料を見出すことができても、岩田正美が指摘しているように、終戦直後の混乱した占領期にあって、戦争の被害児者を対象とした緊急の援護施設も児童保護施設も「施設の種類と定義が必ずしも明確ではなく、統計上の分類もその時々でマチマチ」[1]で、客観的な事実にたどりつくことが容易ではなかったからである。また、施設や団体の名称の表記も微妙に違っているものが少なくなかった。

さらにもうひとつは、第一章に関わることであるが、戦争孤児に対する保護施策が、国レベルでは文部省と厚生省に分断され、二つがほとんど別個に打ち出されていたことである。これに伴い、東京都のレベルでも、文部省の施策を受けた教育局と厚生省の施策を受けた民生局に分断されていたため、この両者の施策の関連がどのようになっているのか、どこでどのように役割分担がなされていたのかについて整理が難しかったのである。

さらに、施設での生活を余儀なくされた当事者に当たることの困難性である。台場の東水園も八丈島の武蔵寮も、当事者に当たれるのではないかとかすかな期待を抱き、試みようとしたが、いずれも断念しなければならなかった。

なお、本書では、今日の社会的養護では使われない「収容施設」「収容児童」「浮浪児」「不良児」「弧児院」「処遇」「精神薄弱児」などの表現を、当時のまま使用した。『お菓子放浪記』の著者・西村滋の指摘を踏まえ、「戦争孤児」の表記としたが、一部、引用文のまま「戦災弧児」の表現を用いた。また、読みやすくするため、引用文の一部について、適宜句読点を付けた他、カタカナをひらがな表記に、旧カナ遣いを新カナ遣いに改めた。

〈引用・参考文献〉

1　岩田正美「戦後生活保護の形成・定着と生活保護施設」東京都立大学人文学報『社会福祉学』第一号、一九八五年三月

2　藤井常文「終戦後における東京都の『特質浮浪児』対策の拠点となった養護施設（1）――八丈島に創設された武蔵寮の歴史」『明星大学社会学研究紀要』第三二号、二〇一二年

3　藤井常文「終戦後に東京都の『特質浮浪児』対策の拠点となった養護施設（2）――お台場に創設された東水園の歴史」『明星大学社会学研究紀要』第三三号、二〇一三年三月

目次

第二章　東水園の歴史

第三章　武蔵寮の歴史

第一章　戦争孤児と「浮浪児」

第一節　国と東京都における戦争孤児・「浮浪児」対策

1　学童疎開と戦争孤児の発生

終戦当時、東京医学専門学校（現、東京医科大学）の二三歳の現役学生であった作家の山田風太郎は、『戦中派不戦日記[44]』で、戦争の犠牲となって路頭に投げ出された戦争孤児の実態を綴っている。山田の戦争孤児を見つめる眼差しは、客観的で冷厳である。それだけに、かえって実態の悲惨さが直截に迫ってくる。

この作品の解説文で作家の橋本治は、山田風太郎の成育歴に触れ、五歳で父親を、一四歳で母親を亡くし、「みなし子」として、幼少年期に、親族内をたらい回しされるという複雑な家庭環境下で育ち、旧制中学時代には問題を起こして停学処分を受け、「家出」をしたと紹介している。山田が目の前の悲惨な事実を突き放すようにして日記を綴ったのには、そうした成育歴が影響しているのであろうか。

終戦直後の一九四五（昭和二〇）年一〇月と一一月の個所を抜粋して紹介しよう。

「二時ごろ上野にゆく。構内埃立ち迷い、幾百千の人々の泥靴とどろく。冷たいコンクリートの床に横たわっている三人の少年があった。顔は新聞で隠しているが、痩せ細った手足の青さ。（略）この駅では今、住むところのない老人や少年たちが、多いときは五、六人、少い日でも二、三人は毎日餓死してゆくそうである。」（一〇月二三日）

「（上野）駅の中の切符売場の前にも、数条の行列がぎっしりつまっていた。その中の柱のまわりに人々が円陣を作っているのでのぞいて見たら、七つか八つくらいの男の子が、柱の下に座って泣いていた。はじめ猿の子かと思った。長くのびた髪の毛に埃を真っ白にかぶって、地の模様もわからないぼろぼろの着物をまとい、手足は枯木みたいに垢で真っ黒だ。そのあぐらの前には三つ四つのさつま芋がころがっている。（略）芋をかじっては、呆れたような、恐ろしそうな、怒ったような、脅えたような眼でキョトンと人々を見あげる。（略）ときどき芋をくわえたまま、アアーン、アアーン、と悲しげに泣く。涙が埃と垢だらけの頬をつたう。（略）彼はこの何千何万とも知れぬ群集の中にあって、まさしく孤独を感じているのだ。その泣声は子供としての恐怖や心細さや悲しさだけでなく、実に人間としての哀泣なのであった。それだけにその声は心ある者の腸をえぐるようだった。しかし、だれがこの子をどうしてやることが出来るだろう？（略）切符を買って改札口に歩いてゆく途中にも、柱の陰の、息もつまりそうな埃の中に、ボロを着た女の子がしょんぼり座ってすすり泣いていた。」（一〇月二八日）

「省線電車に乗っていたら、満員の隅の方から、『誰か何かちょうだいよう』という声が聞えた。少年の声であった。『誰か何かちょうだいよう』みな、しんとした。声は一分に一度くらいの割合でつづいている。『誰か何かちょうだいよう。イモでもミカンでもいいから、誰か何かちょうだいよう』くすくすと笑う声がざわめいた。すると少年の声は憤然となった。『笑うやつがあるかい！　ひとが何かちょうだいっていうのが何がおかしいんだい！　笑うやつがあるかい！』声は泣声に変った。『みんな、みんな、あったかいふとんに寝てやがって、おまんまをいっぱい食ってやがって……』

隣の青年が、御冗談でしょう、と小さく呟いた。『笑うやつがあるかい！』そして少年ははげしくすすり泣きしはじめた。『けいさつへでもどこへでもつれてゆきやがれ。せいふのところへでもどこへでもつれてゆきやがれ』少年の声はただ泣声に溺れた。（略）みな、しんとし、暗然となっている中をまたもや少年の声が流れはじめる。『おなかがすいたよう。……何か誰かちょうだいよう。……』（略）自分はついにこの少年の声をきくのみで、その姿を見る勇気がなかった。」（一二月九日）

作家の西村滋は、一九八四（昭和五九）年に開催された全国養護問題研究会での「夕やけ小やけ」と題する記念講演[36]で、自らの放浪体験を踏まえ、怒りを込め、戦争孤児を「大人が戦争を起こして、親を殺し、家を焼き、『勝手に生きろ』と言ってあの焼け跡へ放り出された子どもたち」であると語っている。

このような戦争孤児の発生を予測し、問題視する声は、一九四五（昭和二〇）年八月一五日の終戦によってにわかに沸き上がったのではない。前年の一一月から本格化した大都市などへの本土空爆により、学童の集団疎開の任に当たっていた国民学校の校長らから、「強力な援護措置」の必要性を要望する声が挙がっていた。東京都教育局では、戦争弧児の発生を目の当たりにし始めて、やっと対応策の検討に入ったのである。

前記したように、わが国の戦争孤児に対する保護施策は、国レベルでは文部省と厚生省に分かれ、これに伴い、東京都レベルでも、文部省の施策を受けた教育局と厚生省の施策を受けた民生局に分断されていたため、この両者の施策の関連がどのようになっていたのか、どこでどのように役割分担がなされていたのか分明ではない。ただし、保護施策の発端が学童疎開に密接に関係していたため、文部省・東京都教育局が厚生省・東京都民生局よりも一足先に取り組みを開始していた。

以下、大雑把ではあるが、両者の施策を歴史的な経過に沿ってたどることにしよう。

『東京都戦災誌』[45]によると、東京都では「保護者が空襲の被害、不慮の被害、不慮の災害を蒙った場合、これら学童の保護者に代って其の任務を遂行する機関」として、一九四五（昭和二〇）年一月六日、東京都長官・西尾壽造を会長に、東京都次長、東京都教育局長の他に「東京都商工経済会其の他財界有力団体」を加え、東京都疎開学童援護会を発足させている。援護会の事業概要には「戦災遺児の援護の為、二子玉川学寮を開設、之が経営をなしつつあり」とある。「戦災遺児」の言葉からも、戦争孤児の発生を予測し、あるいはすでに現出していたことで、「学寮」の開設に向けて着手していたということである。

終戦をはさんで、その前後の東京都における戦争孤児の保護状況と援護策は、「終戦後の児童保護問題[26]」などで見ると、およそ以下のようであった。

一九四五（昭和二〇）年三月一〇日の大空襲後、翌一一日に至って「罹災地から現れた戦災迷子は極めて多く、一応板橋の東京都養育院」に三一名が「収容救護」された。新聞紙上で迷子収容の広告を掲載したことにより再会を果たした学童もあったが、「両親に別れた戦災孤児も現れ」たため、栃木県塩原の養育院分院に収容した。宮城県に集団疎開した浅草区富士国民学校では六六名が戦争孤児になった。

本所、深川、城東各区の戦災によって「集団学童疎開者中にも相当の戦災孤児が現れたため、これらの国民学校長の間に、その育英機関の設立運動が重要な問題となっ」た。番町国民学校の校長・宮内与三郎や文部省教学練成官・草葉弘らによる「戦災孤児救済運動」が開始され、これには教育義勇隊も加わり、都民の一部からは基金の申し出もあった。

救済運動を展開した国民学校長らは、これらの戦争孤児を既存の社会事業施設である孤児院に収容することを「極力避け、国家の手で大規模な『国児院』を設立して収容すべき」であると強く要望した。しかし、予算の関係で聞き入れられなかった。

同年五月になって、前掲の東京都疎開学童援護会では世田ヶ谷区瀬田町身延山関東別院を活用して二子玉川学寮を開設し、学童疎開中や在京中に無縁故者となった学童を収容し、母親代わりの援護を行うことになった。教育局の要請に応え、同年七月、寮長に就任したのが積惟勝である。この学寮は北多摩郡谷保村に移転して南養寺学寮となり、後の一九四八（昭和二三）年四月、静岡県沼津市に移転して名称を片浜学寮に変更し、その後、さらに児童福祉法による養護施設・松風荘（現、児童養護施設・松風荘）に転換され、後に積の指導によって集団主義養護を展開する舞台となる。

朝日新聞によると、国レベルでは、一九四五（昭和二〇）年六月二二日に、東京都内の済生会本部において厚生省と恩賜財団戦災援護会の共同で戦災遺児援護対策懇談会が開催された。「進む戦災遺児援護策」の小見出しを付けた翌日の朝日新聞記事によると、この会に出席した文部省教学練成官・草葉弘は「国児として養育すべき」ことを力説し、厚生省所管の「国児院」の設置を提唱したことにより、この意見を踏まえた検討が行われたという。

同月三〇日付け朝日新聞は、国の戦災遺児援護策について、「誇りを生かし国家が親代り」の大見出しと「戦災孤児育成の対策進む」の小見出しでさらに詳しく報じた。記事は、厚生省と恩賜財団戦災援護会が戦災遺児援護対策懇談会を開催し、懇談会には文部省、東京都、警視庁、大日本教育会、社会事業協会、前掲の東京都疎開学童援護会の九つの機関・団体が出席したこと、懇談会の席上、厚生省戦時援護課長小島徳雄が、「懇談の結果と当省の見解を噛み合わせたものを対策要綱案として近く次官会議にまでもってゆき国策として実現させたいと考えている」との見通しを述べたことなどを報じている。この懇談会では、「戦災遺児保護対策要綱案」が提示され、これをたたき台にして熱心に検討された。

2　「孤児」から「国児」へ

戦災遺児援護対策懇談会でたたき台となった「戦災遺児保護対策要綱案」は、一九四五（昭和二〇）年六月二八日に厚生省戦時援護課で企画・立案されたものである。第一の「方針」と第二の「要領」で成り立っており、第一の「方針」には、以下のように綴られている。

「戦災に依り、親権者其の他の直接保護者を失いたる乳幼児、学童及び青少年に対し国家に於て之が保護育成の方途を講じ、殉国者の遺児たるの衿持を永遠に保持せしむると共に、宿敵撃滅への旺盛なる闘魂を不断に涵養し、強く正しく之の育成を図り、以て子女を有する父兄をして後顧の憂なく、安んじて本土決戦に敢闘せしめんとす。」

この「方針」は、当初の戦災遺児対策が、対象を乳幼児から学童に、さらに青少年に至るまで幅広く捉えていることや「後顧の憂なく」の文面から、国民に対し、近い将来の兵士として役立たせるための人口資源確保策の他に、前田一男が『焼け跡の子どもたち』の「解説」[42]のなかで指摘しているように、本土決戦のための「戦意昂揚策」をねらいとしていたことを示すものであろう。

第二の「要領」は、以下の五項目からなっている。

一　遺児保護機関ノ確立

(1)　戦災遺児の保護期間は「其の独立の生計を為すに至る」までとし、保護事業は「政府に於て管理する」こと。

(2)　円滑なる実施を期するため、地方長官が保護事業・保護育成者を直接指導監督する。

二　遺児に対する社会的処遇の確保

(1)　戦災遺児を一般国民が「単なる憐愍の情」ではなく、「殉国者に対する敬虔なる感謝」と「遺児に対する温情溢るる慈愛心」をもって処遇するよう措置を講ずる。

(2)「孤児等の名称を廃し爾今『国児』と呼称せしむる」こと。

三　国児訓の制定

(1)　遺児をして「殉国者の遺児たるの於持を保持」し、「宿敵撃滅への旺盛なる闘魂を不断に培い」、ひとつは以て「忠孝の道に励ましめ」、ひとつは以て「社会的処遇に酬わしむる」ため「国児訓」を制定し、「処世の指針」とする。

四　国児登録の実施

(1)　遺児は総べて市町村において「国児台帳に登録せしむる」

(2)　登録した遺児については当該市町村長の責任において保護に当たる。

五　保護育成の方法

(1)　養子縁組の斡旋――「努めて適当なる者に之が養子縁組を為さしむる」

(2)　個人家庭に対する教養の委託――家族の一員として「家庭的雰囲気の裡に」育成する。遺児への理解と教養の熱意を有する「宗教家、教育者其の他善良なる家庭を選定」する。

(3)　集団に依る保護育成
・「国に於て直接施設を設置する」他に、「適当なる施設に収容を委託して育成する」
・学童及び青少年の場合には、「家庭的環境の裡に精神的訓化を重点たらしむる」
・事業の実施に当たっては、恩賜財団戦災援護会、その他の援護団体、教育団体及び宗教団体に「全面的協力」をさせる。

なお、「備考」欄は、必要経費は「国庫に於て特別の措置を講ずる外恩賜財団戦災援護会をして可及的負担せしむる」となっている。

この対策要綱が、「弧児」の呼称を「国児」に改めることを全面に打ち出していることからも、戦災遺児保護対策を国家責任として位置付けた施策であることが分かる。ところが、「保護育成の方法」になると、途端に全面に掲げたはずの国家責任としての「国児」が影をひそめ、養子縁組の斡旋に重点を置きつつ、集団による保護育成施設の設置についても恩賜財団戦災援護会などの民間団体に協力させることに力点を置くようになっている。

しかも、財政措置も「国庫」で「特別の措置を講ずる」とするだけで、具体性に欠ける内容である。戦災遺児保護対策は「政府に於て管理する」としながら、戦時体制を維持するための掛け声に終わっている感がある。理念は国家責任を掲げ、各論になると民間頼みということである。前記したように、厚生省の小島課長は「対策要綱案として近く次官会議にまでもってゆき国策として実現させたい」と発言していたが、次官会議の決定には至らず、政府の対策要綱にはならなかった。ただし、各論である「保護育成の方法」は、この後に出される「戦災孤児等保護対策要綱」に引き継がれていくことになる。

これにより、「国児」は日の目を見ることなく、葬り去られ、「弧児」に立ち戻ったのである。しかし、「国児」としての扱いをめぐって、施設現場では混乱に巻き込まれていたようである。『回想　松島正儀』[48]所収の吉田久一との対談「昭和社会事業史の証言」によると、東京育成園長であった松島正儀は当時を回想し、徴兵された保護者が戦死し、子弟が遺された場合、陸軍の参謀から、「天皇陛下の名において父親が出ていったのだから、これは国の児だ、国児として最善の待遇をしろ、他の弧児と一緒の扱いは困る」と強く言われたことで、優先的に処遇しなければならず、支給される費用の額もまったく異なっていた、と語っている。このことは「国児登録」制度は実現しなかったものの、施設現場では一時的にも、そうした処遇を押し付けられていたことを示すものであろう。

松島は、「すべて軍人の考えることが社会事業の領域にも及び、子どもの収容もそういう形になってきて非常に困った」とも語っている。

同年七月には、東京都では、民間団体のなかで、とりわけ国から「全面的協力」を求められていた恩賜財団戦災援護会（現、社会福祉法人・恩賜財団東京都同胞援護会）が、前月の空襲で施設が全焼し、杉並区西荻窪に移転したばかりの子どもの家学園（現、児童養護施設・双葉園）に戦争孤児を収容している。

3　「国児」から再び「弧児」へ

こうして、疎開学童を対象とした文部省の施策と厚生省の施策とが、ばらばらに推し進められる。一九四五（昭和二〇）年九月一五日付け文部省の「戦災孤児等集団合宿教育所に関する件」は、各都府県に二五〇人収容可能な「集団合宿教育所」を創設する計画を打ち出している。[34]東京都はこれを受け、戦災孤児収用学寮を開設することになる。同年一〇月二四日付け東京都教育局の「戦災孤児並に家庭引取困難なる学童等の学寮設置に関する件」に基づき、同年一一月二一日付け東京都次長依命通牒により、都下の北多摩、南多摩、西多摩の三多摩地域に八か所の学寮を設置する[45]。

「学寮」は生活と学業を寮内で一体的に行う形式である。府中の東光学寮で過ごした山崎格によると、「男子一七名、女子三名、合計二〇名でいずれも三月一〇日罹災の本所区（墨田区）内の学童で、府中国民学校の一部として管理運営され、訓導一名を学寮長としてこれに寮母二名、作業婦二名を置き、学童と起居を共にした[52]」という。

こうした文部省側の動きとは別に、同年九月二〇日、厚生省が企画立案した「戦災孤児等保護対策要綱[30]」が国の次官会議で決定されている。東京都内で始まった大空襲によって、集団で疎開していた学童のなかで、「父母を失い戦災孤児となって了ったものは一、一六九名に達し[45]」ていたとされている。しかし、この数字について、宮城県に疎開中、九歳で孤児になった戦争孤児の会代表・金田茉莉は、「学校名、孤児氏名、年齢、学年、男女別、場所などの記述が一切なく、どこでどのように調査して、この数字がでてきたのかの説明がなく、この数字の出典は全く不明」と述べている[43]。

金田は、二〇一三（平成二五）年一二月一一日付け東京新聞の「ミラー」欄でも、「戦争孤児の数隠した国」と題し、「国策として学童疎開を推進してきた当時の文部省官僚は、校長等公務員に箝口令を敷き、孤児資料を焼却、隠蔽。疎開中の孤児はいなかったことにされてしまったことも、六十年後に判明しました」と、実態を厳しく告発している。

学童疎開中に両親を失った戦争孤児の存在は、小説家・田宮虎彦と萩山学園長・萩山実務学校長・島田正蔵が編集した『戦災孤児の記録[8]』に紹介されている。

「ぼくが二年生まではいたお母さまは、昭和二十年の三月の戦災で死んでしまいました。ぼくはお母さんがいないとたいへんさびしくてたまりませんでした。それからとゆうものはしばらくはルンペンをしていてもお母さまを思いました。」

「（お母さんには）ほんとうにご苦労様だといつも感謝していましたが、僕がそかいに行ったのがお別れでありました。」

保護対策要綱は明らかに遅きに失した決定であった。朝日新聞記者の永井萌二は、「地下道から十年」のなかで、「戦災孤児」や「浮浪児」への行政側の対応を「時代的に区分」し、一九四五（昭和二〇）年代を「放任時代」、一九四六（昭和二一）年代を「カリコミ時代」、一九四七（昭和二二）年代を「収容所時代」[20]と捉えている。永井の指摘通り、一九四五（昭和二〇）年代は、終戦前からすでに「放任時代」に陥っていたのである。

新たに決定された対策要綱によると、「大東亜戦争の惨禍に因る孤児増加せる現況に鑑み国家に於て……必要なる保護育成の方途を講ずるものとす」として、その対象を「父母其の他の適当なる保護者を失いたる乳幼児学童及青少年」とし、これらを「孤児」と呼称するとしている。ここでは「国児」の視点は遠くに追いやられ、「弧児」に立ちもどっている。ただし、「浮浪児」の言葉はないが、すでに「浮浪児」は発生していたのである。終戦前には「国児」の他に「靖国の遺児」とも呼ばれ[54]、手厚く扱われようとしていた戦争孤児は、一転して「弧児」、さらには「浮浪児」として冷遇されることになったのである。

保護の方法は、「個人家庭への保護委託」「養子縁組の斡旋」「集団保護」の三種で、「集団保護」は「適当なる施設に収容」する形態で、政府の設置する施設の他に「公共団体、恩賜財団戦災援護会」などが設置した施設によるとしている。これは、前記した戦災遺児保護対策要綱案を踏襲したものである。

4　東京都による「一斉収容」・「狩込」の開始

『東京都戦災誌』によると、この要綱とほぼ時を同じくして、あるいはその直前か、東京都民生局は「戦争終結による戦災援護事業計画」を策定している。「今終戦後直ちに民生局がとったその処置」として、計画の第一に置いたものは、以下の「戦災に依る弧児の援護育成に関する事項」である。

「戦災に依り、両親及び保護者等を失い、弧児となりたる者の援護育成に関しては、一応養育院其の他施設に分散収容中なるも、之が育成方針を確立し、収容施設の増設等を行い、戦争に依り生じたる是等の気の毒なる弧児に対し、強力なる国家的保護を加え、将来有為なる皇国民として育成を成すの義務あり、依って之が計画実施を為さんとす。」

これに基づいて、養育院をはじめ、杉並学園、東星学園、救世軍機恵子寮、愛清館、財団法人興望館、恩賜財団戦災援護会子供の家学園の七か所に一〇四名が委託され、「本都より日額一円六〇銭」が支給された。特記すべきは、「なお学童にして弧児となりたる者八九名は東京都以外の疎開先他県に於て保護中なり」と綴られていることである。親を亡くしたまま、疎開が終了した後も、疎開先に取り残されていた戦争弧児が存在したのである。

国の対策要綱を踏まえ、この計画を具体化すべく、実施機関である東京都が取り組んだのが「一斉収容」、いわゆる「狩込」である。前掲の対策要綱では、「保護」後の方法について規定されてはいるものの、実際の「保護」の方法については触れていなかった。

『都政十年史』[19]及び『東京都戦災誌』は、東京都が初めて「上野地下道一帯」において「一斉収容」を実施した年月日を「昭和二十年の十二月十五日・十六日の両日」とし、続けて「この第一回の一斉収容で収容・保護した者の数は実に二千五百名におよんだが、これはわが国社会事業史上空前のことであった」[19]としている。東京都民生局が一九五九（昭和三四）年一二月に発行した「社会福祉」[21]にも同じ記述がある。

しかし、これは前掲の要綱を決定してから三か月後のことであり、対応としてはあまりにも遅い。さらに前掲書[19]は別の節で、「二十年十月、都は警視庁と協力して、はじめていわゆる一斉かりこみを行った」とも綴っている。前後の文章から、「十二月」の記述は「浮浪者」を主体とした「一斉収容」であり、「十月」の記述は「浮浪児」を主体とした「一斉かりこみ」であったことが読み取れる。

東京都が実施した「一斉収容」は「十二月」や「十月」が最初ではなく、もっと早くになされていたことを示す証言がある。東京都児童相談センターは一九八九（平成元）年三月、児童相談所長をはじめ所員や児童福祉司を中心に児童相談所の『四〇年史』の編纂を企画し、それに合わせて実施した「東京都児童相談所の草創期をふりかえって」（未定稿）の座談会[39]で、当時を知る所員や児童福祉司が保護の実態を伝えている。

「本庁職員も出て、第一回目の子供達の収容（を）やった。夜明けに上野周辺をやった。カンパン給付、トラック五台と原議にかいてある。救国同志会、青年団体が協力してくれた。黒川児童課長が車に乗って陣頭指揮に当たった。大騒ぎだった。初めて毎日新聞に狩り込みの言葉が出た。都は九月二〇日の厚生省の戦災孤児等保護対策要綱の前にやった。厚生省は全国的な視野で、東京都は現実的に、それをみて、実施した。早く保護しなければの考えがあって、実施した。」

この証言を裏付けるものは毎日新聞である。同年九月一二日付けの記事は、実施日時が「十一日午前五時」で、「浮浪児を一網打尽にすべく（略）彼等の寝込みを襲った」結果、「収容」した「幼少年」は「七才から十六才の（…）五十五人であった」としている。これにより、九月一一日に東京都が「一斉収容」を実施したこと、しかも厚生省（の戦災孤児保護対策要綱）よりも「前に」、「現実的に、それをみて」、逸早く「浮浪児」保護に着手したことが明確になった。この場合、「戦災孤児」とせずに、「浮浪児」の「一斉収容」であったことに注視する必要がある。東京都が政府の決定を待たずに「浮浪児」の「一斉収容」に着手したのは、「集団化した浮浪者」の一群に交わっている「浮浪児」を目前にして、「人道上あるいは公安・衛生上、できるだけすみやかに処理しなければならぬと世論がたかまり、都もこの必要を痛感して[19]」実施したということである。

また、『社会事業[4]』は、「九月二十五日警視庁と上野、谷中両警察署員及び都が協力し、一斉に浮浪者狩を行った」とし、「三百二十八名」を収容し、そのなかで「五十六名の少年と少女が発見され、直ちに三報会その他民間社会事業施設へ収容した」ことを伝えている。このことは東京都が九月一一日を皮切りに間を置かず、断続的に「一斉収容」に着手したことを示すものである。

なお、東京都民生局刊行の『民生局年報　昭和二十一年度』の「浮浪児収容状況調[9]」は、「昭和二〇年」の「一〇月」から「昭和二一年」の「一二月」までを表示しているが、「昭和二〇年」の九月はなぜか抜けている。

東京都が緊急対応を決断した経緯について、当時の事情を知る厚生省の官僚が、座談会[29]で語っている。それによると、東京都民生局が上野警察署から、収容した「浮浪児」で留置場が満杯なので何とかして欲しいと言われていたところに、進駐軍公衆衛生福祉局から厚生省と東京都、警視庁、国鉄駅長などに呼び出しがあり、福祉課長のネフ（Nelson Neff）が図面を示して、一週間以内に「浮浪児」を保護せよ、東京から「浮浪児」をなくせ、鑑別所と収容施設を作って、鑑別してから施設に収容するように厳命した、というのである。「一斉収容」「狩込」の背景と根拠には進駐軍の指令があったのである。

この上野駅一帯での「一斉収容」には、上野警察署員や東京都民生局の職員の他に、当時、民生局とは別の都の行政組織で、生活困窮者の収容保護に当たっていた養育院の職員、さらに創業し始めた救国同志会、東本願寺更生会などの民間団体も参加するようになる。また、民生局は「一斉収容」に当たり、「狩込専門の自動車を用意[18]」した。

『養護施設三十年』の口絵[27]には貴重な写真が掲載されている。一九四六（昭和二一）年四月二〇日付け東京都民生局援護課長・木田徹郎名（木田は後に日本社会事業短期大学に奉職し、日本社会事業大学教授となる）で、東京育成園長・松島正儀に送付した公文書である。件名は「戦災引揚弧児収容保護強化の為児童狩込実施の件」で、四月三〇日に「上野駅を中心とした区域」で「児童狩込」を実施するので協力して欲しいとの依頼文書である。東京都は公文書で「児童狩込」の表現を用いていたのである。

厚生省児童局の編集による『児童福祉三十年の歩み[29]』は、「いわゆる『浮浪児狩り』と称する多少強制的措置を伴った緊急処理をしばしば必要とした」と述べ、厚生省としても「狩込」が止むを得ない措置であったことを認めている。

最初に使ったのが、前記したように、毎日新聞であったのかどうかは別にしても、当時、東京都も国も

「狩込」「浮浪児狩り」の言葉を使っていた事実は忘れてはならない。福田垂穂は、この「狩込」という表現について、当時、「一番責任がある行政機関」が公然と口にし、「（通知類に）残してしまっている」事実を問題視し、自らも「浮浪児のひとり」であった痛切な体験を踏まえ、「どれほど児童の人格を無視した用語法であるかというような問題意識がそのとき起こらなかったのか」[38]と厳しく批判している。

政府はさらに同年一二月一五日、「生活困窮者緊急生活援護要綱」[30]を閣議決定する。これによって「戦災孤児」や「浮浪児」は「戦災者」の生活困窮者として扱われることになる。東京都の喫緊の課題は、街頭に溢れた彼らの保護と、そのための保護施設の確保であった。具体的には、生活困窮者緊急生活援護要綱に基づき、補助金により児童保護施設を復興修理・新設して収容し、「個別的に保護救済を加え」ることである[19]。そのため前掲の直営の養育院（付設・石神井学園を含む）をはじめとした七か所の児童保護施設、当時は国民から「孤児院」と称されていた施設がその対象となった。東京都は政府に働きかけ、戦前に軍用施設として使われていた建物の児童保護施設への転用を図っていく[18]。

5　応急的な収容保護所の設置

厚生省は一九四六（昭和二一）年四月一五日、社会局長名で各地方長官に宛て、「浮浪児その他の児童保護等の応急措置実施に関する件」を通牒している。第二弾の緊急児童保護対策であるが、対象児童を前掲の第一弾の要綱で規定した「戦災孤児等」から、「浮浪児その他の児童」に変更していることに注視する必要がある。「停車場、公園等に浮浪する」児童が多く、保護が「不徹底」になっているので、「至急其の応急保護対策を講ぜられたい」として、主に以下の措置を取るように通牒している[30]。

① 社会事業の職員、警察官吏らが「随時巡察して」、その発見・保護に努める。
② 「必要なる場所」に「公共又は団体経営」による「児童保護相談所」を設ける。
③ 都道府県に「児童保護相談所」を設け、市町村や警察署との「連絡」に当たる。
④ 児童保護施設における必要物資の整備並びに施設の拡張及び増設に努める。
⑤ 都道府県は児童保護施設に対する指導、助成及び監督を徹底する。
⑥ 都道府県に児童保護委員会を置き、児童保護の根本施策を研究実施する。
⑦ 都道府県は毎月浮浪児保護状況調を調査し、翌月一五日までに報告する。

東京都はこれを受け、一九四六（昭和二一）年一月付けで「東京都保護所庶務規程施行について」[1]を策定し、保護所を新設して「浮浪児その他の児童」に対して「保護収容及び教化指導」に当たることを決定する。これにより同年四月一五日、すでに「戦災孤児」や「浮浪児」の収容のために同年三月から養育院の分室に設置していた養育院幼少年保護寮を東京都中央児童相談所付設保護寮として指定する。[15]これは、前掲の厚生省の通牒にある児童保護相談所の位置付けと役割を担った事業所である。

毎日フォトバンクには、一九四六年に撮影した「戦災孤児・板橋収容所で裸で食事」と題する写真が保存されている。養育院付設幼少年保護所の光景である。注視すべきは児童の裸での食事の光景である。配給の衣類が不足していたのか、それとも逃走を防止するためなのか。あるいは、後者が主な理由であったのであろうか。もっとも、衣類の配給の遅れによる不足は、他の保護施設でも見られたことではある。

さらに、一九四六（昭和二一）年五月から一一月にかけ、「浮浪児その他の児童」が多く集まる上野を皮切りに、浅草、淀橋、京橋、麹町、荒川の六か所に児童保護所を相次いで設置する。上野が五月一五日付け、浅草が一〇月一二日付け、京橋、麹町が一〇月三〇日付け、荒川、淀橋が一一月一〇日付けである。[28]これらの児童保護所は、淀橋を除いて、後に児童相談所に名称変更される。

講談社が刊行した『昭和　二万日の全記録[40]』には、牧田仁が一九四九（昭和二四）年一二月に撮影した浅草児童相談所の「収容児童」と職員の笑顔の写真が掲載されている。木造の粗末な庁舎も、正面に建てられた大きな案内板も、当時の児童保護所と児童相談所を示す貴重な写真である。牧田は、写真に添えて「児童の権利獲得はおろか、戦災孤児・浮浪児の救済策も充分ではなかった。それでも子どもたちの表情にはたくましさと明るさが見える」との一文を綴っている。

麹町児童保護所は、後に麹町児童相談所に名称変更されるが、作家の佐野美津男は『浮浪児の栄光[35]』のなかで、一九四五（昭和二〇）年三月一〇日の東京大空襲に遭い、一二歳で孤児となり、以後、放浪生活を余儀なくされているうちに「狩り込み」され、「三宅坂の児童相談所」に送られたが、その晩、二〇人の仲間で「脱走」したという自らの体験を赤裸々に綴っている。佐野が綴っている「三宅坂の児童相談所」は、当時、千代田区永田町にあった麹町児童保護所のことである。

厚生省は一九四六（昭和二一）年九月一九日、厚生次官名で東京都などの七大地方長官宛に「主要地方浮浪児等保護要綱[30]」を通牒する。緊急児童保護対策第三弾のこの通牒は、東京、神奈川、愛知、京都、大阪、兵庫、福岡の七つの「主要地方」に限定し、「戦災孤児、引揚孤児、その他家庭を失った児童等」が「街頭に浮浪」している実情に鑑み、緊急対策の必要性を伝えたものである。この要綱では、「浮浪児」の発生する背景として、三種の児童に区分していることが特徴である。

保護の具体的な対策と要領は、細部にわたって規定されている。とりわけ後に創設される児童相談所に付設される一時保護所のあり方と、同じく児童相談所で実施されることになる判定・診断業務の原形とも言うべき「児童鑑別所」における「鑑別」の内容が盛り込まれていることに注視すべきであろう。また、「児童収容保護所」の規定は、後の養護施設での処遇のあり方や、一九四八（昭和二三）年一二月二九日付けで公布される「児童福祉施設最低基準」の規定に連動していく内容であったと思われる。

以下、保護要綱の主要な個所を抜粋する。

①「浮浪癖及び怠惰癖の少ない」要保護児童には、従来の保護施設のみに任せることなく、国又は公共団体直営の「特別保護施設」を設置し、「その方法に科学的工夫を凝し性癖陶冶につき特殊な措置を講じ、さらに「更に進んで職業補導等をもなし、将来健全な国民として独立自営の精神と能力を付与する」こと。

② 保護の具体的要領

・「発見」――「常時発見」「一斉発見」「巡廻発見」の三通りとする。

・「選別」――一時保護所は「浮浪児」に「検疫、防疫（ＤＤＴ撒布等）医療、衛生（入浴、理髪等）処置」をし、「衣服の給与及び給食をなした上、身上調査及び生活相談」を行い、親権者やこれに代わるべき者がある場合を除き「児童鑑別所」に送致する。

・「児童鑑別所」――「児童の性格、心理、知能、健康等綿密な検査を行い、その特性に適応する施設（児童保護収容所、少年教護院、育児院、私人、病院等）に収容又は委託する」。

・「児童収容保護所」――

イ 「児童の年齢特性等により適宜の細別に分け」、「指導員及び保姆を配置して家庭的構成となし、収容後約一ヵ月乃至二ヵ月間起床、食事、運動、娯楽、慰安、休息、入浴、就寝等の訓練計画を定め専ら正常生活の訓練を行い、規律生活の習性を体得」せしめ、「情操と品性の陶冶を図り純情、従順な素地を培養する」。

ニ　設置に当たっては、「環境に留意」し、管内に限定せず、「農耕、授産等をも考慮し、教育、保健、衛生等に適する地を選定し真に児童の楽園たらしめる」。

ホ　職員の人選には、「児童保護に経験ある社会事業家、教育家、宗教家等適当な人材を選定して一定期間所要の講習を実施し、真にこの仕事に理解と熱意のある優秀な適材を養成してこれに充てる」。

この保護要綱によって、国庫補助がなされるようになったことを受け、東京都は前記したように、一九四六（昭和二一）年の四月から一一月にかけ「一時保護所」六か所、「児童鑑別所」一か所、「児童収容保護所」三か所の設置を進めていく。東京都児童相談所の『二〇年の歩み』[23]は、「浮浪児その他の児童」の保護に当たって、各保護所の「立場と判断によって」保護し、「鑑別」を必要とする場合には「必ず中央保護所に送致」したとしているが、その具体的な手続きや手順は分明ではない。

前掲の六か所の各保護所がそれぞれの「立場と判断によって」保護を決定したとしても、その前段の手続きとして、どこの部署が、どのようにして「浮浪児」を振り分けたのか。また、「鑑別」の要否も各保護所の「立場と判断によって」行ったとされているが、各保護所ではいかなる職員によって「鑑別」の要否が決定され、どのような手続きを経て「中央保護所」に「送致」したのか。

また、その主な対象児童について、前掲書[23]は、「当時の資料」により、「ア　街頭にある浮浪児（孤児、家出児、迷児等）、遺児、イ　家庭にある不良児、精神異常児、乳幼児、ウ　その他生活困窮母子、父子及び一般児童の養護、知能測定」としている。「当時の資料」が何を指すのかは定かではないが、前掲の社会局長通牒や厚生次官通牒の対象児よりも範囲を広く捉えていたことが分かる。

このなかで特筆すべきは、ウの「一般児童の養護、知能測定」である。これは「浮浪児」以外の、一般家庭の要保護児童をも対象とし、「養護」と「知能測定」を想定したものである。「浮浪児」の予備軍を保護の対象とし、「浮浪児」に転落することを未然に防止するねらいであったのであろうか。後記するように、西巣鴨の中央保護所には「特監寮」と「普通寮（家庭からの相談）」の二つが設置されていた[39]。

なお、東京都においては、一九四七（昭和二二）年四月、前記した東京都中央保護所を中央児童相談所に指定し、所管を養育院から民生局児童課に移管している。児童福祉法の公布を間近にし、児童保護の要の役割を果たすべき相談所の体制を整備したのである。

東京都民生局は、こうした「浮浪児」対策に連動させた形で「引揚孤児」の保護に乗り出している。前掲の『回想　松島正儀』の「松島正儀の足跡」によると、一九四六（昭和二一）年八月一五日、東京都民生局援護課長・木田徹郎は、東京育成園長・松島正儀、愛燐団理事・谷川貞夫、興望館長・吉見静江らを都庁に呼び、「引揚孤児の保護」策を協議している。その結果、民生局の吏員、興望館の職員、東京育成園の職員らが博多まで「引揚孤児」の引取りのために派遣されることになった。

同年九月三日、病院船高砂丸で帰ってきた弧児たちが佐世保港に上陸した。そのうち身寄りのない弧児三三名を引き取り、品川駅に到着したのは同月二二日である。弧児は民生局が用意したバスで上野公園・寛永寺本堂内に設けられた満州同胞援護会収容所に収容された。その後の健康診断の結果、二三名が小児結核などのために杉並療養所（現、救世軍ブース記念病院）に移され、残りの一〇名が東京育成園に収容されることになった。民生局が用意したオート三輪で上野まで迎えに行ったのは、園長の松島正儀と、後に松島から園長職を引き継ぐ長谷川重夫である。東京育成園は戦争孤児を含め六〇名を越える大所帯になった。

6　「一斉収容」・「狩込」の改善の実態

このように、緊急児童保護の体制は徐々に整いつつあったが、応急でしかも財源が圧倒的に不足していたため、さまざまな混乱や問題が生じていた。最大の問題は「狩込」であった。「一斉収容」の方法については、内外から「浮浪児」の気持ちを損ねるやり方だとして、非難の声が巻き起こっていた。そうした実態について、ジョン・ダワーは『敗北を抱きしめて　上[50]』で、次のように伝えている。

「浮浪児たちは文字どおり家畜のようにいっせいに駆り集められ、まさしく家畜のようにトラックに詰め込まれた。これは比喩などではまったくない。こうした取り締まりは警察官や公務員が直接担当した。そのとき声を出して子供を数えることがよくあったが、人を数えるときの一人、二人ではなく、動物を数えるときのように、一匹、二匹という言葉を使った。子供を集めて留置した施設は、軍隊のように威圧的であることが普通で、体罰が行われることも珍しくなかった。逃亡を防ぐため、裸にされたままの男の子たちさえいた。」

また、「浮浪児」の「一斉収容」を容易にするために取った措置なのであろうか、東京大空襲の体験者である狩野光男によると、「地下道」の「傍の壁には『浮浪児には食べ物をやらないでください』と貼紙がしてあった[53]」という。貼紙をしたのは、「狩込」をする東京都の吏員や地元警察署の署員であった。作家の西村滋は、前掲の記念講演で、「浮浪児狩り」を「浄化のために……ゴミ」として扱ったものと語っている。

一九四六（昭和二一）年一月二一日付け朝日新聞は、「建直す浮浪救済」と題し、東京都が「一斉収容」の方法を改めることになったとして、次のように報じている。

「都厚生課では従来のルンペン扱い的な〝一斉カリコミ〟をやめて、方面委員や民間と協力、厚生援護に重点をおくことになり、（略）児童のためには豊島方面に児童保護所を設置し、今後浮浪児童は全部同所に収容する。」

東京都はさらに「新方法」を導入する。同年七月二五日付け朝日新聞の「お風呂も用意」と題する記事によると、「いままでの浮浪児狩り込みがあまり殺風景で子供達に嫌われたので」、八月一日から始まる「浮浪児援護期間」には「新手の方法」を採ることになったとしている。具体的には「大型バスのお医者さん、理髪屋さんのほか、ドラム缶で造ったお風呂まで用意して浮浪児のいる各駅その他を巡回し、その場でさっぱりさせて、身支度をととのえ、健康診断もしてから各収容所に送るしくみ。また、浮浪児の図画や作文を各収容所から集めて展覧会を開き一般の同情を求める計画もある」というのである。

しかし、「一斉収容」の方法を改めても、その後の保護の方法には依然として問題にすべき点が少なくなかった。主要な緊急保護先であった養育院では、せっかく保護しても「施設の不備や待遇の関係でその多くは（四方の窓から）すぐさま逃亡するありさま」[19]で、「『かりこみ』と『逃亡』とのイタチごっこが繰り返された」[39]。そのため、「在園期間はきわめて短期間であった」ので、「収容効果は非常に少ない」[39]状況に陥っていた。

「『かりこみ』と『逃亡』とのイタチごっこ」を繰り返していた戦争孤児の一人が森下陽である。森下は岡山・吉備の国文学賞受賞作『丘の雑草たち』[41]のなかで、一二歳のとき、東京で空襲に遭って両親を失い、「かりこみ」された後の三年に及ぶ「イタチごっこ」のありさまを綴っている。それによると、石神井学園を皮切りに、中野愛児の家、板橋の養育院、名古屋の千種学院、長崎聖母の騎士、熊本敬神園、広島草津太陽の家を経て、最後は岡山県立成徳学校（少年の丘）（現、児童自立支援施設）に「収容」されている。

こうした実態を前に養育院では一時期、「大島に隔離収容する案」が検討され、一九四六（昭和二一）年二月末に「現地視察を行ったが地元の反対にあい」[18・19]断念している。東京都は、後記する台場と八丈島の他に、大島への「浮浪児」の「島流し」による「隔離収容」を目論んでいたということである。

「収容児童」の「逃亡」問題について、養育院付設幼年保護所は一九四六（昭和二一）年六月、進駐軍から「口頭で『いかなる方法をとるとも彼等児童を逃すべからず』との厳命」があり、「六月二十二日から強制収容を講ずる」ことになる。

具体的には、「施設に厳重な垣を施し児童が簡単に逃げ出せない様にする」「昼夜交替の守衛を置きて逃亡を監視する」「外的に強制収容すると共に内面的には待遇を改善し真に同施設に居る事を楽しむようにする」「相当の硬教育を施し浮浪習癖の矯正に努めると共に漸次院内生活に馴致せしめること」であった[18]。

「厳重な垣を施」す方法は、一九四七（昭和二二）年四月－五月号の総合風刺雑誌『VAN』[10]に掲載された。漫画家・小林武が綴った「戦災孤児は訴へる！」と「幼年保護所全景」と題するカットである。小林は、目撃した印象を次のように綴っている。

「池袋から東上線で大山駅の程近く、寒々とした焼跡に残った寺小屋のような一棟、まるで仇討ちの竹矢来のように張りめぐらされた逃亡除けの垣根の一劃に世間をはばかるように掲げられた看板――幼年保護所――の冷たさ……ガラス窓には鐵ならぬ竹の格子が賽の目に張りめぐらされているのも痛々しい。」

小林が描いたカットが精巧だったゆえであろうか。『養育院八十年史』[18]が小林のサインだけを省いて、そっくり転載している。こうした「逃走防止」の方法に対しては、「種々の批判や非難も起きたが逃亡を防ぐ効果は大いに上」がり、一か月後の成績は収容児童五〇〇名中「逃亡」は三〇％にとどまったという。

前掲の東京都児童相談所の所員による座談会では、草創期における保護所での喧騒の様子が包み隠さずに語られている。その一部を抜粋する。

「『浮浪児』を（狩込み専門の）トラックに乗せて徐行すると、飛び降りて上野へ行ってしまう。一時保護所（中央保護所）は一部『焼けトタンを利用した』粗末な建物で、そこに『真っ黒に』なった『浮浪児』が収容されてきた。できるだけ早く保護した。風呂に入れ、井戸端のドラムカンに湯をわかして衣服を洗濯し、『だぶだぶのものを着せ』た後、『逃げられないように食物を与え』るが、『落ち着くとまた逃げ出す。そのいたちごっこ』であった。収容した『浮浪児』のなかには靴磨きで稼ぐ男児や花売りの女児、性病（淋病）に罹患している女児らがいた。病院に連れていって治療させても、病気が直るとまた逃げた。収容児童であふれ、鑑別なしに施設に送ることもしばしばあった。大塚の保護所では男児は『特監寮』と『普通寮（家庭からの相談）』に分けた。『特観寮』を作った理由は逃亡を防止するためで、二階に『丸太棒で作った』……。」

西巣鴨の一時保護所には三室の「特別観察室」があり、「教護ケースの無断外出防止の措置室として」利用され、「問題児童の行動の抑止には、一時的に大きな効果を果たしていた」という。「特別観察室」が廃止されたのは、西巣鴨の一時保護所が閉鎖され、新宿区河田町の中央児童相談所に統合された一九六七（昭和四二）年七月のことである。[37]

さらに、前掲の六か所の児童保護所の実態について、『東京都における戦後社会福祉事業の展開』[22]は、次のように明らかにしている。

「設備も乏しく処置も応急的なものにおわりがちであった。職員は、その収容所にとまりこみ、男子、女子ふくめて一〇名くらいのグループを一人で担当、まず、浮浪児をドラム缶の風呂に入れ、DDTをまき、衣服を提供し、収容するのが精一杯であったということである。またその子どもたちは、栄養失調によって、おなかだけがふくらみ、身体中が『かいせん』『しらみ』におおわれ、その手入れだけでも、大変な手間であったとのことである。」

東京都中央児童相談所に鑑別員として就き、後に児童福祉司になった松本重孝は、当時の一時保護にまつわる逸話を語っている。[24]

「児童は逃亡防止の意味もあって、ハダカにして昼間から寝かせたんですが、なかなか横にならないで、遊び廻り困っていたところ、或る日、朝日新聞だったと思いますが、記者が来てハダカの写真をいつの間にか撮ってしまい、記事にされ人権問題としてたたかれ、間もなく初代所長朝原さんが退めました。責任をとらされたんだともっぱらの噂でした。」

警察的な取り締まりに重きを置いていた当時の保護所の実態を如実に示すものである。一九四八（昭和二三）年四月一日付けの朝日新聞は、児童福祉法が「きょうから実施」され、「ふえる浮浪児」に「明るい幸福の春が訪れる」と報じる一方、全裸の男児が「センベイぶとんにくるまって」正座し、「奉仕の学生の童話」を聞いている写真を掲載している。キャプションには、「『逃亡率五割二分の浮浪児にはこれ以外に打つテはありません』といって都立中央児童相談所では子供たちを逃げられないようにハダカにしておくという戦術を三月二十六日からとっている」とある。

この報道から一週間後の四月八日付けの朝日新聞は、「浮浪児へ二つの在り方」「当局も迷う対策」「〝鉄の格子〟と〝愛の監視〟」の見出しを付けた記事のなかで、再び「東京都中央児童相談所のハダカ戦術」を取り上げている。

また、同年四月一三日の日本映画社製作「日本ニュース」戦後編第一一八号は、児童福祉法が施行されたことを報じ、厚生省の小島徳雄児童局長の「児童の問題につきましては、一般国民が考えると同時に、まず養護機関といたしましては、児童相談所というものができまして、これが実際の児童というものを取り扱うことになっておるのであります」との談話を流す一方で、東京都中央児童相談所を取り上げ、「ここに入れられている子供たちが、逃亡を防ぐために裸にされて床に入ります。（略）街にはまだ救われない浮浪児たちの姿が絶えません」というナレーションとともに、男児が裸で床につく映像を映し出している。

一九四七（昭和二二）年四月に東京都中央児童相談所の初代所長に就任した朝原梅一は翌年五月に退任している。児童福祉法が施行されて五か月後の辞任であるが、松本のいうように、「責任をとらされ」ての辞任であったのかどうか。もしそれが事実であったとすれば、とりわけ東京都の直轄施設であった東水園の処遇は、なぜ何も問われなかったのか。民生局や養育院の直営施設ではなく、東京水上警察署の管理下にあったからであろうか。

なお、戦前から東京府の嘱託として社会事業や幼児保育などの分野で活躍していた朝原梅一は、東京都中央児童相談所長の職を辞任後、創設された日本社会事業学校（現、日本社会事業大学）の教授に就任する。

第二節　実態調査と地方福祉委員会審議

1　収容児童に対する実態調査

東京都は戦争孤児や「浮浪児」の保護に当たる一方で、彼らの実態を把握するための調査に取り組んでいる。この調査は、前掲の厚生省の「浮浪児その他の児童保護等の応急措置実施に関する件」で都道府県に求めている「浮浪児保護状況調」を踏まえてのものであった。財団法人中央社会事業協会社会事業研究所は、東京都の委託を受け、一九四六（昭和二一）年三月一日から四月三一日までの二か月間をかけ、一般保護施設と児童保護施設の収容児・者の実態を調査し、その結果を「昭和二十一年三月調　東京都内に於ける戦災浮浪者援護に関する調査報告[46]」として明らかにしている。これは、東京都が向後の浮浪児者対策を企画・立案するための参考資料となるものであった。

この調査で、一般保護施設の調査対象のひとつとなったのが、第二章で取り上げる、東京水上警察署直轄の東水園の事業を後に引き継ぐことになる戦災者救援会深川寮である。児童保護施設で調査対象となったのは、双葉園と石神井学園である。研究所主事で児童保護施設の調査を担当した小宮山主計は、後に日本社会事業大学の教授に就任する。

「収容児童」の本籍地は当然、東京など関東が多いが、東北、東海、北陸、近畿、中国・四国にまたがっている。このことはさまざまな事情を背景とした「家出」が少なくない実態を示すものである。この調査とは別に、東京都民生局が一九四六（昭和二一）年に調査し、渉外部に提出した「浮浪者に関する調査[3]」にも、「浮浪者の中純粋の弧児は少く、大半は親元にいても喰えぬ者、家出をして浮浪児となった者である」とある。しかし、「家出」して「浮浪児」になった児童も、戦争の犠牲者であることに変わりはない。

年齢構成では七歳から一三歳が大部分を占め、最年少は立川駅前で徘徊中を警察署員が保護した氏名不詳の四歳の男児、最年長は上野駅地下道や待合室で寝起きしていた一八歳の少年である。浮浪場所は一般の浮浪者と同じで上野が最も多く、寝る場所は上野駅待合室、上野地下道、本願寺地下室などである。「浮浪中の食物」の確保については「貰喰」と「買喰、貰喰」が多い。このうちの「買喰」は新聞売りで稼いだ金を使ってのものである。

「浮浪中つらかったこと」では「欠食」「不眠」「家がないこと」「降雨」「他人にみられること」「孤独」「労働」「狩込み」「寒気」「離別」などを挙げている。一見しただけで、彼らが日常的にいのちの危険にさらされていたことが分かる。

また、「これからどうするか」では多い順に並べると、「学校へ行って勉強したい」「大きくなって早く働きたい」「勉強して百姓になる」「勉強して偉くなりたい」である。彼らが悲惨な事態に立ち至っても、なお勉学の意欲を持っていたことは特筆すべきことである。

調査を担当した小宮山は、「向学心は心の何処かにひそんでいる有様である。そこには唯食の問題があるのみである。食を充分に与え、彼等の求むる自由な環境の中で教育するならば、これらの浮浪児は彼等の目的通りに立派な人間になるに違いない」と分析している。

「収容期間」では、一か月未満のものが最も多い事情について小宮山は、「逃走等による異動が極めて多い。浮浪児狩りによる所謂狩り込みに依って、収容されたものは中々この様な施設に永く収容されていない」と分析している。良かれと考えて「収容」しても、施設が衣食住のすべてにわたって劣悪な環境であれば、「逃走」は避けられなかったのである。

小宮山は「結語」で、注目すべき指摘を行っている。全文を引用しよう。

「浮浪児の鑑別機関が必要である。

先天的なものについては、矯正補導困難なものが多いから保安施設へ収容し、夫々に応じた幸福を保証せねばならない。後天性のものは、環境に依って悪化する傾向が強いから、浮浪逃走の恐れのない島嶼部へ施設を作り、自治的悠久的な村を彼等の手で作らせて行く。

浮浪児の中には異常児が大部分であるから、性格異常児に対する指導が重要である。浮浪児中から、その指導者を得ることも考えて見なければならない。

浮浪児は犯罪少年又は虞犯少年であるから、少年教護事業とは密接な関係がある。

収容された少年は浮浪していた方が飯米の貰いがあるので、盛り場へ出たがり、逃走を企てる。逃走心がなくなると施設病（ホスピタリズム）に堕り、元気のない沈んだ空ろな目をした子供になってしまう。

浮浪児には羞恥も憧憬も絶望もなくなり、大人の浮浪者の場合よりも単純に、この浮浪性を獲得し、原始化する。そのため大人の浮浪者の如く住居のないことは苦にしない。むしろ施設に収容されて食を規定され、生活を計画づけられることが苦しい。

多くの人々に囲まれている愉しさ、騒しさの中に居ることが楽しい程、彼等は淋しがりやである。

新聞賣等をして一日十五円程度の収入を得ることは、彼等の一人前になったという自尊心を得させ、唯甘んじて施設に収容されている子供らしさをにくむ。金がなくなれば少年たちは貰いやたかりや、スリ等をやって生きてゆく。浮浪児達は上野駅で集り乍ら、賭博をやり、窃盗をやり、旅人に黒い手を差し出して白飯を貰い、ギョロギョロ光る目玉で、行き来する人々を見ている。浮浪児の救済は、長い目で少年達の人生を見詰めてやることである。」

注視すべきは、「後天性のものは、環境に依って悪化する傾向が強いから、浮浪逃走の恐れのない島嶼部へ施設を作り、自治的悠久的な村を彼等の手で作らせて行く」の一文である。「逃走」防止のために「島嶼部」への隔離政策を打ち出しているのである。これは、終戦後早い時期に提起された「島嶼部」への隔離政策であろう。これが、前記した、大島への「隔離収容する案」となり、島民の反対に遭って頓挫した後、後記する東京都児童福祉委員会による、「特質浮浪児」の「隔離」のための台場の一時保護施設と八丈島の恒久施設設置の提起に直結していくことになる。また、後記するように、児童福祉法案の審議に先立って全国の主要な児童保護施設を視察した参議院議員・小川友三の発言にもなっていく。

2　地方福祉委員会での審議

こうした実態調査の実施とともに、東京都は一九四六（昭和二一）年五月一一日、児童保護委員会を設置している。前掲の「浮浪児その他の児童保護等の応急措置実施に関する件」で国が都道府県に設置を要請した機関である。規程では、「都長官の諮問に応じ、本都の児童保護に関する重要事項を調査審議する」[2]となっている。児童保護委員会は後に地方児童福祉委員会となり、さらに児童福祉法の公布・施行に伴い、地方児童福祉審議会（現、東京都児童福祉審議会）に改められる。

また、この地方児童福祉委員会とは別組織であるが、東京都は同年一〇月一二日、神奈川県と協力し、「京浜地区における浮浪児等の保護に関して、関係各機関の連絡を図り発生する諸問題の具体的処理方法を協議決定し、その実施の推進に当る」ために、京浜地方浮浪児等保護委員会を設置する[5]。これも前掲の「主要地方浮浪児等保護要綱」で国が主要都市に設置を求めていた機関である。東京都はこの委員会の委員の一人として、前記した東京育成園長・松島正儀に委嘱している[27]。

いずれの委員会も、緊急かつ主要な審議事項は、戦争の犠牲者である戦争孤児と「浮浪児」を、どこでどのように保護・育成するかであった。大都市の駅舎などにあふれる彼らを前に、抜本的な対策以前に、応急的な対策を打ち出さざるを得なかったのである。

東京都立誠明学園の『三十年史稿[28]』によると、東京都民生局は、後記する一九四八（昭和二三）年九月七日の「浮浪児根絶緊急対策要綱」を受け、地方児童福祉委員会の「浮浪児対策特別部会」に諮問し、三つの「浮浪児根絶の方策」の答申を受けている。「児童委員、児童福祉司を中心とする児童福祉実行機関の整備、拡充による予防措置の強化」「東水園開設（お台場に設置）による特質浮浪児の一時保護施設の拡充」「八丈島に特質浮浪児の恒久施設の設置」である。この提言には、いくつか特筆すべき事項がある。

ひとつは「特質浮浪児」の表現である。この時期、すでに事業が開始されていた台場の東水園と八丈島の武蔵寮の二つの施設に共通して使われている「特質浮浪児」とは、どのような児童なのか。後記するように、台場に保護施設を創設すべく、東京都民生局児童課養護係が一九四六（昭和二一）年一〇月三日付けで起案した「浮浪児収容所設置の件[7]」に、その対象として綴っている「特に悪質不良性の者」や、前掲の小宮山の

「結語」にある「浮浪逃走の恐れ」のある「後天性」の「浮浪児」を念頭に置いていたことがうかがえる。

もうひとつは、台場の東水園を、「一時保護施設の拡充」として活用すべきとしていることである。この答申が出された時期、処遇をめぐって内外から批判や疑念が浴びせられていた台場の施設を「拡充」し、そこで「浮浪児」を鑑別した上で他の施設に措置する一時保護の役割を提言しているのである。特別部会では、たとえ処遇のあり方に難点があっても、一時保護的な施設であれば問題なく活用できると判断していたのであろうか。

さらにもうひとつは、「恒久施設の設置」である。施行されたばかりの児童福祉法を踏まえ、いかなる種類の「恒久施設」を構想していたのか。八丈島の武蔵寮も、台場の東水園と同様、処遇上の問題を抱え、実態は「恒久施設」どころではなかったのである。

さらに、施設の設置拡充の場所としてなぜ、既存の数ある施設のなかで、台場と八丈島の施設を指定したのかも問題にされなければならない。特別部会では、「浮浪児」の保護施設として、すでに処遇上の問題を抱えていた施設であることを承知の上で、民生局に強力なてこ入れをし、「拡充」させようとしたのであろうか。これは明らかに、後掲の「昭和二十二年十二月　都の社会救済に関する調査報告書」[47]の提言にも反する内容である。

3　施設整備に対する内部批判

東京都民生局では、収容した「戦災孤児」や「浮浪児」を、一時保護の後に、都内に点在する施設だけでは間に合わないために、養育院の所管する直轄施設や遠隔地の施設をはじめ、「個人家庭」に委託している。

具体的には、一時保護した児童の「処置」について、大雑把な「鑑別」の後、「逃走防止」の措置を取りながら、約一か月を限度として「訓育」し、「初等学年」の児童は就学のできる施設に移し、「高学年の者は主として東北信越の農村に雇預けの形式で委託[18・19]」している。

「個人家庭」への委託のなかでも農村への雇預けは、児童の福祉を前提とした里親委託というよりも、農村での圧倒的な労働力不足を補うためのものであった。金田茉莉は、聞き取り調査を基に、「人身売買された弧児」の多くが「学校にも通わせてもらえず、奴隷や家畜のようにこき使われ[51]」ていたことを明らかにしている。

こうした実態を危惧しての対策であろうか。東京都民生局は、一九四八（昭和二三）年一一月一三日付けで「里親委託等取扱規則」を制定している。ところが、規則の大前提は児童福祉の理念とは程遠く、児童労働がもっぱらであった。第七条には、児童の委託を受けた里親は、炊事の手伝いなど一時的な家事手伝いを除き、児童を仕事に従事させるときは、児童相談所長に「承認申請書」を提出しなければならないとされていた[17]。したがって、「申請」さえすれば、ほぼ何でも可能ということであり、委託先の里親で児童が苛酷な労働を強いられても、ほとんど問題にされなかったということである。

こうした実態は、前掲の東京都の児童相談所所員の座談会でも挙がっており、当時、「多摩では、子どもを酷使し、学校から帰ってくると薪を取りにやらせていると非難されたり、千束町の芸技屋の里子では、学校から帰っても遊ばせないとか、金を使わせないとか、結局、将来、いい芸妓にするためということで問題になったが、あの頃はだれもかれもが（そのくらいのことは）やっていたこと[39]」というのである。

東京都は、こうした「個人家庭」への委託を推進しながら、それと並行して、すでに一九四五（昭和二〇）年一〇月から一九四七年（昭和二二）一一月にかけ、保護施設の整備に取り組んでいる。東京都警視庁公報によると、一九四五（昭和二〇）年一〇月二五日付け安房臨海学園、一九四六（昭和二一）年六月一日付けあづさ園、同年八月八日付け保田児童学園、同年八月一五日付け八街学園、同年九月一四日付け萩山学園、一九四七（昭和二二）年一一月一日付け箱根児童学園、宇佐美児童学園、中井児童学園の設置を決定している。

いずれも「戦災引揚孤児」や「戦災児及び浮浪児」を対象とし、設置場所は都内が三か所、千葉県が三か所、静岡県が一か所、神奈川県が一か所と多岐にわたっている。また、あづさ園は「引揚孤児」を、中井は「女児」を、保田、宇佐美、箱根は「虚弱体質」の児童を収容するなど、分類収容に取り組んでいる。これらの施設は、児童福祉法が施行された後の一九四八（昭和二三）年二月三日付けで、児童福祉法による名称に合わせ、養護施設や療護施設（後の法改正により虚弱児施設に名称変更）となっている。

このように、東京都では民生局を中心に保護施設の整備に取り組んでいるが、財団法人東京市政調査会及び東京都総務部調査課が、「浮浪児が街に氾濫している」状況下の一九四七（昭和二二）年六月一五日現在で、一三か所の直轄の児童保護施設について調査した結果を、「昭和二十二年十二月　都の社会救済に関する調査報告書」[47]としてまとめている。このなかで、事業に着手している施設について、以下のように手厳しい指摘をしている。

ひとつは、「余剰を生じ」ている「憂うべき現状」、もうひとつは、「余剰力ある既設の児童施設に分属収容しているに過ぎ」ず、その結果「適性の基準である児童鑑別の不完全、或いは未完了のため、又は適性施設の不備のため精神薄弱児を教護施設に収容するなどの事例もあり、根本的な保護を欠いて」いることである。

調査対象となった一三か所は、「浮浪児保護事業費国庫補助」の対象となっていた施設と思われるが、「余剰」問題は、前掲の「浮浪児に関する調査[3]」の指摘を持ち出すまでもなく、施設側の怠慢によるものではなく、「収容児童」に対する最低限の衣食住の確保がままならない状況にあったことによるものと思われる。

また、東京都が向後取り組むべき児童保護事業のあり方を打ち出し、そのなかで、「戦災孤児」と「浮浪児」を対象とした「収容保護」について、「弧児の保護の理想が家庭的であることを第一条件とする」ことを踏まえつつ、留意すべきことを、以下の五点にわたって提言している。

「A、収容制限を五〇人以内とすること。B、大施設でないこと。C、都営を原則とするが、宗教関係者に委託することは望ましいと考えられる。D、職員はなるべく教養の高い優しい女性を以て構成する。E、収容施設は環境のよい場所に設置する。」

この他に、「補充的」な対策として「個人家庭への委託」を「将来の新しい里親制度の問題として内容の検討を要する」こと、「収容の前提として児童を精細に鑑別して適当にこれを分類収容することは最も必要なこと」としている。

この調査報告書が取りまとめられたのは、後記するように、東京水上警察署が東水園の事業を開始して一年が経過し、一時閉鎖を行い、事業の運営主体をめぐって揺れ動き出していた時期である。当然、調査者は直轄施設の東水園の実情をも把握した上で、こうした指摘と提言をしていたと思われるが、「環境のよい場所」は無論のこと、「余剰力」云々も東水園に関する限り、論外であったと思われる。警察署に補導された後は、「特質浮浪児」として、ほとんど直送の形で放り込まれていたからである。

また、東水園はそもそも東京都の直轄施設でありながら、国庫補助の埒外にあった。一九四七（昭和二二）年四月二二日付け厚生省養護課による「浮浪児保護事業国庫補助による施設状況調[12]」は、前掲の六か所の一時保護所の他に、萩山学園や八街学園などの児童収容保護所を挙げているが、東水園は除外されているのである。このことは、東水園が東京水上警察署の直轄施設であったことを再確認させるものであろう。

なお、調査報告書の「結論」は、「敗戦日本の生める運命児」である「戦災孤児、浮浪児」に対し、「都は義務としてこれ等の親権的施策を怠ってはならない」と述べている。要するに親権者に代わり、責任ある愛情を持って育成せよ、というのである。台場の東水園と八丈島の武蔵寮に限っては、東京都はこのような義務を果たさなかった、というべきではないか。「国児」はどうなったのか。

4　「緊急根絶」対策の内実

一九四七（昭和二二）年一二月一日付けで児童福祉法が公布され、この後、一九四八（昭和二三）年の一月一日付け一部施行を経て、同年四月一日付けで全部施行されたことに伴い、政府は「浮浪児」対策の実効が上がらない状況に対応すべく、一九四八（昭和二三）年九月七日に「浮浪児根絶緊急対策要綱[30]」を閣議決定する。これを受け同年一一月五日、厚生次官・国家地方警察本部次長・文部次官・運輸次官・労働次官名で「浮浪児根絶緊急対策要綱の実施について[30]」を関係機関に通牒する。

対策要綱には、「終戦後満三年を経た今日、街頭になお浮浪児がその跡をたたないことは、まことに遺憾のことである。よってこれらの児童を健全正常な生活に立戻らせ、同時にこれらの児童を発生させる社会的原因を根絶するため、ここに全国的大運動を展開」するとし、同年一一月一五日より「強力に実施」すべき事項を列記している。

注視すべきひとつは、「浮浪児を根絶できない大なる理由」である。対策要綱はこれについて、「人々が浮浪児に対して安価な同情により、又は自己の一時的便宜によって、彼等の浮浪生活を可能ならしめている」と分析し、国の無策を棚に上げて、まるで「一般社会人」が「安価な同情」によって「浮浪児」を生んでいると言わんばかりの記述である。

もうひとつは「浮浪児に対する保護取締の強化」である。これまでの「一斉収容」を修正しつつ、「児童福祉司、児童委員及び警察官が常時単独で、又は関係職員と班を組織して巡廻的に、行う街頭浮浪児の個別的保護を徹底的に反復励行すること」としている。また、「浮浪児の一時保護等については警察署に於て迅速簡便な措置がとれるよう工夫する」として、警察署などによる取締りと保護の強化措置を明記した。

さらに「把捉後の処置」では、以下のような規定を置いている。

・「特に犯罪性あるもの」は少年審判所に送致し、「その他の浮浪児」は児童相談所で「その資質を鑑別する。

・児童を施設に入所させる場合には児童相談所での「鑑別結果に注意」し、「分類収容」を行い、「知能、性格、年齢、性別、浮浪歴等の異なるものを雑然収容するために生ずる逃亡を極力防止する」。

・「浮浪児の心理に即した遊び、運動、職業の指導」などを通じて施設内の生活に魅力を持たせ、これを惹きつけるように努めるとともに、学齢期にある児童の就学義務履行について特に留意する。

・「物的な拘束力を用いることなく」処遇し、逃走防止の困難な児童には「生活の場を制限することもやむを得ない」。

・「物的な拘束力を用いる」場合の留意点は以下の六点とする。

①　児童の心身の健康に支障を及ぼさぬよう保健衛生上の注意を充分に払うこと。
②　鉄格子、鍵等を用いていわゆる監禁の如き印象を、児童にも第三者にも与えるようなことはこれを避けること。
③　児童の姿勢を制限したり、その生理的要求を阻止したりしてはならないこと。
④　制限を加える生活の場所はその広さを充分とり、その中での児童の心身の健全な要求はこれを満足させるようにすること。
⑤　「生活場所の制限」はできるだけ短期間とし、速やかに物的な拘束力のない方法に移行するように努めること。
⑥　「生活場所の制限」に当たっては、地方軍政部と充分の打ち合わせを行い、実施場所の整備、児童の選択、実施の方法の決定・実施の管理、その他重要事項については、地方児童福祉委員会特別部会に諮り、その意見に基づいて行うこと。

なお、要綱は施設について、「浮浪児の浮浪性除去に適した自然環境を備えるもの（例えば農場、牧場その他島嶼等）に選び、当該施設においては愛情を以てこれを迎え、食糧等について充分留意するとともに、浮浪児の生活に適した遊び、運動、職業指導等を通じて、浮浪児の施設内の生活に対する興味を喚起するよう努めること」としている。「島嶼等」への送致による隔離政策の積極的推進を全面に打ち出しているのである。

閣議決定された政府の「浮浪児根絶緊急対策要綱」を踏まえ、東京都においては地方児童福祉委員会が三つの「浮浪児根絶の方策」を答申したことは前記した通りである。「緊急根絶」や「取締り」の言葉に示されていることからも分かるように、手荒な手段を使ってでも「浮浪児」を捕捉し、根絶やしにすべきことが綴られている。この強硬方針が、後記する台場の東水園や八丈島の武蔵寮の運営に直結したのである。

このような「根絶」策は、辻村泰男が「戦災孤児と浮浪児」[13]で提言している、施設からの「逃亡防止」策とは逆の発想である。辻村は、施設に収容した児童を「逃亡」させないためは、「浮浪児が街にいられなくなるような条件をつくる」「施設の生活が子供たちに対して魅力を持つような条件をつくる」「子供たちに生活の拠り所となる人を与える」の三つの条件を挙げている。しかし、台場の東水園も八丈島の武蔵寮も、収容された児童が「魅力を持つ」ことも「生活の拠り所」となることも皆無に等しかった。

第三節　「戦災孤児」・「浮浪児対策」と帝国議会

1　衆議院議員・布利秋の訴え

終戦後の帝国議会は、戦争孤児と「浮浪児」の対策について、いかなる問題意識を持ち、どのような施策を立てようとしていたのか。また、施策の立案に先立って、当時の施設現場の実態をどう見ていたのか。その解明の手掛かりは議事録に克明に綴られている。

終戦後すでに一年以上が経過しているにも関わらず、場当たり的に処理されるばかりで、一向に抜本的な解決が図られずにいる戦争孤児と「浮浪児」の対策について、帝国議会を舞台にその施策化を求めて敢然と立ち上がった議員がいた。そのひとりが、愛媛県全県区選出の日本民主党衆議院議員・布利秋である。布は、政府の無策によって数多くの戦争孤児が依然として「相当惨めな生活」を余儀なくされ、日々餓死している実態を訴え、抜本的な「指導」と「救護」を強く求め、建議案を提出したのである。

その奮闘努力は、「戦災孤児は意外にも多数に上る。これが指導と保護を誤れば、第二の国民として、完全に義務を果し得るものとなることができない。よって政府はこれに対し速かに適当なる指導と保護を与えられんことを望む[30]」という、一九四六（昭和二一）年一〇月一二日付けの「戦災孤児の指導並に救護に関する建議」として結実する。

布は、建議案が可決される二か月ほど前の同年八月二三日、衆議院建議委員会で、委員長から趣旨弁明を求められ、次のように訴えている。抜粋して紹介しよう。

「戦災孤児と云うものが、大都会の各所に今収容されて居りますが、殊に最も惨めなのは、浅草の東本願寺に収容されて居るのが、数も多いし又相当惨めな生活をしております、それで其の悲惨なる生活は（略）、衰弱して行きます者が刻々死ぬると云うことで、（略）又一方家庭的に預かって居ります戦災孤児と云うものは、其の監督が悪い為かどうか云うのであるか、常に逃げ出して居る、逃げ出しましてそれが無宿者になってしまう、そうして遂に不良少年に堕ちて行くのがぼつりぼつり殖えて参った現状を見まして、茲に之を指導して行くと云う上と、救護して行くと云う上との二つの建前から、実は此の建議案を出しました、指導します上に於ては、是は一つの社会事業でありますから、（略）どうすれば彼等が伸び伸びと精神的に伸びて行くかと云うことは、（略）又之を救護して行くと云う上に付ては、若干経済的に彼等を導いて行かなければならぬと云うことでありますから、（略）斯うした二つの建前から一つ政府の方で何とか考えて戴けぬか、又考えたことは実行して貰えぬか、そこにしかないのです、

（略）兎に角実行が出来ると思って、実行しますと云う約束が出来たならば実行して貰いたい、それが出来ませぬならば、出来ませぬと答えて貰えば、もう政府には斯う云う戦災孤児を収容すると云うことに対しても、指導すると云うことに対しても、血も涙もないんだと云うことが分りますから、そこではっきりする、どちらでも宜いが一つ答えて貰いたい、答えて貰ったら実行して貰いたいと云うことで、建議案を闇から闇へ葬り去らぬように御願いしたいと云う訳であります（略）」

このなかで、布が執拗に悲惨な現場を暴露している浅草・東本願寺更生会の収容所の実態は真実であった。布は自らの足と目と耳を使って現場を見て回り、調査していたのである。

東京帝国大学医学部を卒業後、この施設で医学徒として数か月間、収容者の診療に当たった体験を有する山本俊一の回想録『浮浪者収容所記――ある医学徒の昭和二十一年』[33]は、布の訴えが真実であることを赤裸々に綴っている。新興暴力団が支配するこの収容所は、収容人員の水増しによる補助金の横領をはじめ、特別配給食糧の横流し、窃盗、強要、詐欺、恐喝、婦女暴行などが日常茶飯事であったというのである。

こうした、現場の実態を踏まえた布の切々たる訴えと要望に対し、政府委員は、「国家の戦争に依って生じた所の是等の孤児は、先ず国の責任に於て是が保護育成をやって行かなければならぬ」と答弁しながら、一方で「保護育成」の対象である戦争孤児を三千名とし、その内訳を、社会事業施設に入所している孤児千五百名、親戚や縁故者など個人家庭に保護されている孤児千五百名とするなど、実態を示しているとは言い難い数を示している。

その上で、今後の施策について、「或は集団的に国家がそう云う施設をするか、或は又各府県をしてそう云う施設をなさしめ、其処に集団的に収容致しまして、是等の方法を実施致していく、一面国の力の足りない点に付きましては、是は所謂慈善事業家の手に依ってやる所の施設を十分に利用し、或は此の慈善家と云うものに多く斯う云う施設をして戴く為には、国と致しましてはそう云う施設に対して補助をすると云う、公設と私設の二つの面を完成して、是等の孤児を保護して行きたい」と型通りの答弁をしている。

この役所的な答弁を受け、布は締めくくりに、次のような訴えをしている。

「現実は刻々其の日其の日の迫り方でありまして、死ぬる者は其の日に死んで行く、既に一年以上も経って居ります戦災者の孤児と云うものに対して、まだ理想的に建設的にそれが進んで居らぬと云うことは、是は何処かに私は責任者が居るのだと思う、責任者が居ない筈はないと考えますのは、それだけの児童を預かって、それだけの配給品を貰って、砂糖も渡さない、あるものも渡さない、それを闇に流して、そうして斯う云う者を困らせて居るということを私は相当調べて居る、（略）斯う云う風に下部組織が腐敗し切って居る、斯う云うものの監督さえも十分に出来ておらぬと云うような指導者側の建前を考えて見ますと、算盤上の理屈は洵に御尤もでありますけれども、物は半身不随に陥って居らぬか、

実際やりたいと云うのは洵に結構であるが、やって置けと言って書類を下部組織に御出しになっても、それが本当に動いて居ったかどうか、本当に動いて居ったならば、そうして自分が可愛がって貰ったことが心骨に徹して居るなら、ああして逃げ出す者も居りますまい、ふらふら不良少年になって行く者もありますまい、だから自分の恩を仇に代えて子供が皆出て行く、（略）

浅草の東本願寺の状態を聴くと憤慨する子供のことを思うと憤慨せざるを得ない、（略）口ではどう云うことも言えるが、社会事業に随分金を出して居るが、其の中今急いでやらなければならぬ此の戦災者の子供に対して、政府がおやりになって居ることには私は余り感心しない、感心したいが出来ないような状態になって居る（略）

配給品が回って来て居らぬ、何処で抜けて居るか、斯う云う所に一つ抜け出す原因がある、それから心に一つも温情がない、余りに事務的で、其の日が終れば宜い、月給になったと云うような気持なのです、だから親としての温情がない、寧ろ斯う云うことは、社会事業を多年やって居りまして、何処から見てもあの人なら世間の母であると云うような人がないではないのですから、そう云う人を御見つけになって、

そう云う社会事業家に一つ之を御任せになってはどうか、そうして任せられたらそれに予算を与えてやると云う方が、却って宜いではないかと思うのです、（略）健全な指導者の体になって、本当に子供を指導して戴きたい、此の気持を一つ御酌取り願いたい、そうして最善の方法は、世の中には本当の社会事業家もあります、そう云う温い気持を持って居る社会事業家を、相談相手だけではいけない、本当に其の人の膝元に移して、もう少し此の方法を具体的に考えてやっていただきたい（略）。」

2　参議院議員による視察報告

布は、もっと手厳しく無策を批判したかったのであろうが、占領期の混乱状況を考慮したのか、言葉を選び、自重しているように思われる。

布らのこの建議があまり効果を上げていなかったことは、この一年後の一九四七（昭和二二）年八月三〇日の第一回参議院厚生委員会の審議で明らかになる。児童福祉法案の審議が行われたこの日の参議院厚生委員会では、広島県、大阪府、京都府、東京都内の戦争孤児施設や児童相談所付設一時保護所などを視察して廻った参議院議員が、目の当たりにした現場の実態を報告している。以下、要約して紹介しよう。[31]

「どこの収容所を視察しても、職員、先生、保姆の入っておる部屋は一番建物のいい部屋を使い、子供にはその次の部屋を与えるという方式を採っていた。ところが、広島県の財団法人の五日市戦災孤児育成所はバラックの方に保姆や、いわゆるお父さん、お母さんの方が入っていて、非常に不自由な生活をし、子供たちは一番いい部屋に生活しておった。こうした犠牲、犠牲的大精神こそまさに親心である。瀬戸内海の弧島の似島《にのしま》の戦災弧児教育所は保姆や先生達が協心協力、努力一致して児童の教育に当たっておる。何分にも小さい子供を、離れ小島に引っ張っていって育てるのである。その子供たちは遠く点々と見える市内の灯りを見て、非常な淋しさを感ずるであろうと我々は涙ぐんだ。今後、この絶海の弧島に似た離れ小島に子供を育てるということは差し控えてもらって、不良少年のような犯罪的なものをここで育てるというような建前で、ぜひ我々はそうした立案をしたい。」（小川友三）

「全体を通覧して現在の児童福祉施設というものは、無計画であって非科学的であって、二、三を除いてほとんど場当たり的で、一夜作り、火事場式だという感を強く持った。第一次大戦後の欧州などの同様な施設を見ながら、特に日本の現在に寒心に堪えない状態を見たのである。政府は敗戦後の児童問題について、不十分な予算的措置ばかりを講じて、それをもって足れりとしておる状態ではないか。緊急援護施設等を見ても、かえって悲しむべき状態で、ごく形式的、むしろ反射的と云うのか、ぱあっとひっくり返したような状態の施設になっている。文化的な香りとか、子どもらしさとか、祈りの心とか音楽や宗教の香りがほとんど見られない。まったく多くの場合は、敗戦的日本の環境というものに対する打つ手をひとつも打たれていない、呼びかけていないのが大体の状態である。

調査の結論は、各施設において指導者が、戦前と同じような態度でやっておる。民主的な方策、施策がほとんど見られないというのを痛感した次第である（「同感」の声あり）。今のような状態でいったい日本は立って行けるのか、国策として社会事業を強く採り上げなければならないのではないか。明日の日本を背負う児童を育てていく方策を真剣に採り上げなければ、明日の日本は憂うべき状態になりはしないかとさえ思う。第一次大戦後の欧州各国があらゆる犠牲を忍びながら、児童問題、福祉問題に十分な方策を講じた先例を見ても、日本政府においても、この厚生委員会においても、十分な方法を考えるべきではないか。」（草場隆圓）

「どの施設においても経済上の悩みを持っている。今はよくても少し経ったら必ず行き詰ることだろうと思う。社会施設を国家が見守る。国家とペスタロッチのような教育者を結び付ける。それが今度の福祉法案である。」（木内キヤウ）

「児童福祉の問題は篤志家の慈善事業的であってはならないので、やはり国家の税金で以て、国家の負担において賄っていくべきではないかという声も上がっている。考えなければならない。各地の施設は戦災孤児や浮浪児が多く収容され、非常にざわめき立っておる。」（河崎ナツ）

「これらの施設が都道府県の施設経営に任かされておって、国はただそれにわずかばかりの指導と援助をしているに過ぎない。これから先は、もっともっとこの施設、この目的を達成することのために、国家がもっと大きな経費を注いで、これらの施設の充実、完備、増設を図っていかなければならんと感じた。それと人の問題である。施設の仕事に携わる適当な人をたくさん得なければならない。そのことのためにも、国家はさらに進んで相当な費用をこれに投ずるの用意と覚悟とをもっていかなければならない。」（塚本重蔵）

これら議員の視察報告に対し、国務大臣の一松定吉は、「社会施設が将来わが国の再建の上に重大なる任務を持っているというご意見に同感である。施設の不完全な点については、国家財政の許す範囲において拡大強化して対応していきたいと考えている」と、いかにも役人らしい素っ気ない答弁をしてまとめている。

付言するが、視察した小川友三が高く評価した五日市戦災孤児育成所は、文部省による戦災孤児集団合宿教育所である。後に養護施設となり、一九六七（昭和四二）年に閉園している。童話作家の吉本直志郎は、一一歳で戦争孤児としてこの施設に入所して少青年期を過ごし、そのときの実体験をもとに名著『青葉学園物語』を創作している[32]。

また、似島の戦災孤児教育所も、文部省による戦災孤児集団合宿教育所（現、児童養護施設・似島学園）である。占領期にあって、わが国の児童福祉法と児童相談所の整備のため、国連から派遣されて来日した児童福祉専門官アリス・K・キャロルも一九五〇（昭和二五）年一月二九日にこの施設を視察し、キャロルレポートに綴っている[49]。

〈引用・参考文献〉

1 東京都民生局児童課養護係「東京都保護所庶務規程施行について」一九四六年一月
2 「東京都警視庁公報」第一八号、一九四六年五月一一日
3 「浮浪者に関する調査」一九四六年五月二〇日、東京都公文書館蔵
4 「終戦後の児童保護問題」『社会事業』第二九巻第一号、中央社会事業協会社会事業研究所、一九四六年六月
5 「東京都警視庁公報」第八三号、一九四六年一〇月一二日
6 「京濱地方浮浪児等保護委員会規定」一九四六年一〇月一二日、東京都公報

7　東京都民生局保護課保護係「浮浪児収容所設置の件」一九四六年一〇月三日
8　島田正蔵・田宮虎彦共編『戦災孤児の記録』文明社出版部、一九四七年
9　東京都民生局『民生局年報　昭和二十一年度』一九四七年
10　小川武「戦災孤児は訴へる！　都立養育院訪問」『VAN』第二巻第一一号、イブニング・スター社、一九四七年四－五月
11　「文書供覧の件（浮浪者発生状況報告月報等）」一九四七年五月一七日
12　厚生省養護課「浮浪児保護事業国庫補助による施設状況調」一九四七年四月二二日
13　辻村泰男「戦災孤児と浮浪児」厚生省児童局監修『児童福祉』東洋書館、一九四八年
14　東京都民生局『民生局年報　昭和二十二年版』一九四八年
15　松崎芳伸『児童福祉法』日本社会事業協会、一九四八年
16　「浮浪児等保護委員会規定」東京都公報、一九四八年一〇月二八日
17　「東京都警視庁公報」第一九二号、一九四八年一一月一三日
18　東京都養育院『養育院八十年史』一九五三年
19　東京都編『都政十年史』東京都、一九五四年
20　永井萌二「地下道から十年」『文藝春秋』文藝春秋、一九五五年四月号
21　東京都民生局総務部普及課「社会福祉」第一一二号、一九五九年一二月
22　『東京都における戦後社会福祉事業の展開』東京都社会福祉会館、一九六五年
23　東京都児童相談所『東京都児童相談二〇年の歩み』一九六九年
24　東京都児童福祉司会『会報』第一一号、一九七六年五月
25　「養護施設三十年」編集委員会『養護施設三十年』全社協養護施設協議会、一九七六年
26　『社会事業』編集部「終戦後の児童保護保護問題」「養護施設三十年」編集委員会『養護施設三十年』全社協養護施設協議会、一九七六年
27　「養護施設三十年」編集委員会『養護施設三十年』口絵、全社協養護施設協議会、一九七六年

28 東京都誠明学園『東京都立誠明学園三十年史稿――東京都における教護事業の歩み』一九七八年
29 厚生省児童家庭局編『児童福祉三十年の歩み』日本児童問題調査会、一九七八年
30 児童福祉法研究会編『児童福祉法成立資料集成』上巻、ドメス出版、一九七八年
31 児童福祉法研究会編『児童福祉法成立資料集成』下巻、ドメス出版、一九七九年
32 藤井常文「子どもの遊びは危機的状況か――養護施設の現場から」『月刊福祉』全国社会福祉協議会、一九八一年七月
33 山本俊一『浮浪者収容所記――ある医学徒の昭和二十一年』中公新書、一九八二年
34 『全国戦災史実調査報告書 昭和五七年度』社団法人日本戦災遺族会、一九八三年
35 佐野美津男『浮浪児の栄光』小峰書店、一九八三年
36 西村滋「夕やけ小やけ」『日本の養護'84』全国養護問題研究会、一九八四年
37 東京都児童相談センター『一〇年のあゆみ』一九八五年
38 全国児童相談所長会『全児相』全国児童相談所長会議輯録、通巻第四四号、一九八七年六月
39 座談会「東京都児童相談所の草創期をふりかえって」（未定稿）東京都児童相談センター、一九八九年三月二三日、東京都児童相談センター資料室所蔵
40 『昭和 二万日の全記録 第8巻 占領下の民主主義』講談社、一九八九年
41 森下陽『丘の雑草たち』福武書店、一九九二年
42 前田一男「解説」戦争孤児を記録する会編『焼け跡の子どもたち』所収クリエイティブ21、一九九七年
43 金田茉莉『東京大空襲と戦争孤児――隠蔽された真実を追って』影書房、二〇〇二年
44 山田風太郎『新装版 戦中派不戦日記』講談社文庫、二〇〇二年
45 東京都編『東京都戦災誌』明元社、二〇〇五年
46 「昭和二十一年三月調 東京都内に於ける戦災浮浪者援護に関する調査報告」財団法人中央社会事業協会社会事業研究所『資料集 昭和期の都市労働者1 東京：日雇・浮浪者』第七巻 昭和二一年・昭和二二年、近現代資料刊行会、二〇〇六年一二月

47 「昭和二十二年十二月　都の社会救済に関する調査報告書」財団法人東京市政調査会、東京都総務部調査課『資料集　昭和期の都市労働者1　東京：日雇・浮浪者』第七巻　昭和二一年・昭和二二年、近現代資料刊行会、二〇〇六年一二月

48 社会福祉法人東京育成園、千葉茂明編『回想　松島正儀――わが国の児童福祉法を育てた生涯』相川書房、二〇一〇年

49 藤井常文著・倉重裕子訳『キャロル活動報告書と児童相談所改革』明石書店、二〇一〇年

50 ジョン・ダワー『増補版　敗北を抱きしめて　上巻――第二次大戦後の日本人』岩波書店、二〇一二年

51 金田茉莉『終わりなき悲しみ――戦争孤児と震災被害者の類似性』コールサック社、二〇一三年

52 山崎格「府中にもあった戦災孤児収容施設――『東光学寮』でくらした」府中憲法の使い方講座、二〇一三年八月一〇日

53 狩野光男『一枚の絵』私家版、二〇一四年

54 本庄豊『戦争孤児――『駅の子』たちの思い』新日本出版社、二〇一六年

第二章　東水園の歴史

第一節　創設された警察署直轄の都立施設

1　先行研究

東水園の歴史研究には、逸見勝亮の「敗戦直後の日本における浮浪児・戦争孤児の歴史」[59]がある。その第一部の「品川台場の浮浪児たち――東水園の歴史」は、東京における「戦争孤児と浮浪児」に対する方策が、児童保護の観点に立つとされながらも、多分に治安対策的なものであったことを、多数の資料を使って解明している。ただし、「浮浪児・戦争孤児の状態と浮浪児・戦争孤児へひとびとのまなざしをとらまえてみたい」とするその視点は、東京都による「浮浪児」対策の実態解明よりも、民衆の眼差しを探るべく、主に当時の童話作家や漫画家などによるルポに焦点を当てたものであり、施設措置に関わる経緯や実情をはじめ、戦争孤児や「浮浪児」処遇の内実に力点を置いているわけではない。

次に、東水園創設の原動力となった警視庁東京水上警察署は、刊行した『九〇年史』[35]と『百年史』[39]のなかで施設処遇史を記述している。しかし、あくまでも警察史の一環として、その概要を綴ったものである。得難い文献のひとつではあるが、その内容には治安対策の色彩を極力薄めようとする意図が見え隠れし、人道の観点に立って施設処遇に尽力していたことを誇張している嫌いがある。個別警察署が編纂した年史の限界と言えようか。

また、施設が設置された台場を所管した港区も、「港区政ニュース」[40]や『教育史』[46・48]のなかで、施設設置の経緯やその後の経過を綴っている。これもまた重要な文献のひとつではあるが、区の広報誌や教育行政史である。その視点は、地元住民の生活実態を踏まえ、港区政の関わりや学校教育の歴史を綴ったものではあるが、断片的な記述で、やや史実に相違する内容が散見される。また、「港区政ニュース」を引用した『教育史』のなかに、引用時の誤記が多いこと、区政の資料や記録に基づかず、東京水上警察署の二つの『年史』に沿った記述であることも目につく。

金田茉莉は『東京大空襲と戦災孤児――隠蔽された真実を追って』[53]で東水園に収容されていた体験を持つ戦争孤児を追跡調査し、インタビューした内容を明らかにしている。施設処遇の実態を示す生きた証言を綴ったものである。

研究書ではないが、新聞や雑誌以外で、単行本のなかで東水園を取り上げた最初は、小林文男が一九五三（昭和二八）年に著わした『問題児』[27]ではないかと思われる。最近では、この小林の『問題児』や金田茉莉の前掲書などに依拠して、ノンフィクション作家・石井光太が『浮浪児１９４５――戦争が生んだ子供たち』[63]で東水園を取り上げている。

第二章をまとめるに当たって、新たな資料として毎日フォトバンク、よみうり報知写真館 Photo archive、朝日新聞社発行の『アサヒグラフ』を活用した。新聞記者が当時、台場の東水園に関わる貴重な写真を何葉か撮影し、キャプションを残していたのである。これらの写真やキャプションがなかったならば、筆者は、東水園の「収容児童」に関する分析を膨らませることは到底できなかった。なお、ＧＨＱの表記については、占領軍とせず、東京都公文書館保存の渉外関係資料に従い、「進駐軍」とした。

2 進駐軍召集による打合会

東京都の公文書で最初に台場の東水園について記述しているのは、一九四六（昭和二一）年一〇月三日付け東京都民生局保護課保護係の「浮浪児収容所設置の件」[1]と題する起案文書である。この手書きの公文書には、台場に収容施設を設置することの背景、設置場所、管理・運営者、対象とする「収容児童」の特色、施設の規模など、関係行政機関の協議によって取り決められた事項が簡潔に綴られている。以下、全文を紹介しよう。

「芝区芝浦地区の浮浪児は、特に悪質不良性の者多く、豫て之が対策として少年審判所並少年教護院と連絡し、多摩少年院及萩山実務学校へ送致の方法を講じて来たが、尚同地区を漂浪するもの数十名に上り、特に最近は芝浦駐屯米軍部隊に出入りし、窃盗罪を犯し為に刑罰に処せらるる者も漸次多きを加え、同部隊としても隊の治安維持上困却しつつある状況に鑑み、客月上旬来芝区役所及水上警察署と協議をしつつあった処、去る九月二十七日芝浦駐屯部隊長ロバート大佐の招集に依り、同隊に於いて都、区並芝区内四警察署代表者合同し、対策に関し打合会開催の結果、左記事項を決定したので早急に之が実現を図ることと致したい。

記

一、収容所の設置
御台場に収容所を設置することとし、先ず第五台場の水上署の見張所、第一台場の旧軍用兵舎及第六

台場の公園課所有建物を補修利用すること、但し場合に依り簡易住宅を新築すること
一、収容所の管理
水上署並東京都に於て管理に当たること
一、浮浪児の収容
現在水上署に宿泊中のもの十五名を第一次に第五台場見張所に収容し、爾後施設の整備を俟ち概ね五十名程度を収容すること
一、収容後の措置
イ、国民学校修了者は芝浦駐屯部隊に於て雑役等に使役す、国民学校未修了者は正規の鑑別を行い該当施設へ送致す
ロ、給養は都に於て負担するも、駐屯部隊に於ても被服食糧等に関し、能うる限り援助をなすこと
一、其他
イ、御台場の使用竝に宿舎の設営に関しては建設局に依頼すること
ロ、就労並に給水等連絡には毎日水上署の舟艇を使用することとし、之に要する燃料は警視庁へ依頼すること
ハ、同部隊に出入りする闇の女に付ても概ね右に順じ措置すること」

この起案文書は、台場の「浮浪児収容所」設置の社会的事情を端的に綴っている。芝浦を中心とする沿岸倉庫地帯を接収して設置された進駐軍の芝浦駐屯地（東京補給本廠）には、ぼう大な量の軍物資や食糧などが蓄えられていた。それらの物資や食糧をねらって窃盗を繰り返す「浮浪児」に業を煮やした進駐軍が東京

都と芝区（現、港区。港区に名称変更されたのは一九四七年三月一五日）、地元警察署などを召集して協議した結果、「浮浪児収容所」の設置に漕ぎ着けたというのである。

これによって、進駐軍の主導により、都内の関係機関が「召集」されたものであり、「隊の治安維持」対策をねらいとしていたことが明らかになった。また、進駐軍による召集以前に（「客月上旬来」、したがって、八月上旬来）、東京都民生局が芝区役所、東京水上警察署と対応策を協議していたことも明らかになった。

さらに、施設の管理・運営者が地元の東京水上警察署と東京都であること、「悪質不良性」の高じた「浮浪児」を対象とすること、「概ね五十名程度」の施設であること、収容した児童で、国民学校修了者については、地元の進駐軍芝浦駐屯地で「雑役等に使役」する計画であること、国民学校未修了児童については、一時保護と鑑別を行った後に「当該施設」に送致する役割を果たす施設であることも判明した。

したがって、打合会による当初の構想では、「悪質不良性」の高じた「浮浪児」の隔離策を大前提とする、年長児のための保護と就労を目的とする施設と、年少児の一時保護と鑑別の役割を合わせ持つ施設であった。これによって、警視庁東京水上警察署が直接管理・運営を行うという、他の道府県では例を見ない、しかも外見上は東京都の直営による、特異な児童保護施設が創設されることになったのである。外見も中身もおよそ児童保護施設とは似つかわしくない、まさに児童強制収容所の創設であった。

問題にすべきは、施設の管理運営の主導的位置をめぐり、東京都民生局と東京水上警察署の間で、いかなる駆け引きが行われていたかである。すなわち、後向きな姿勢に終始する東京都民生局を前に、非常事態に対応すべく、東京水上警察署の側がやむを得ず引き受けることになったのか、それとも、前向きな姿勢を示す東京都民生局に対し、東京水上警察署の側がより強く主導的立場を主張し、民生局が引き下がった結果なのかである。

当時の事情を示す保存資料や記録から、筆者には、前者であったように思えてならない。特筆すべき事情は、台場の施設を除く東京都の他の直轄の児童保護施設は設置時にすべて庶務規定が制定され、東京都警視庁公報に掲載されているのに対し、台場の施設に関してはそれを示す記載が見当たらないということである。このことは、当初から表向きは児童の都立保護施設でありながら、警察署の警察業務の一環としての位置付けであったことを意味する。

そもそも、起案文書の「収容所の管理」で、東京都の前に東京水上警察署を置いているところに、この収容施設の位置付けや性格が現れているように思われる。東京都民生局は事実上、東京水上警察署に管理運営を押し付けたのである。

東京水上警察署にとっても、直轄とすることによる利点の方が大きいと判断したのか。また、このような判断の背景には当然、進駐軍東京補給本廠の意向も働いていたのであろう。さらに、施設創設に向けて精力的に動いていた東京水上警察署長・高乗釋得《たかのりしゃくとく》の強い意志があったことも無視できない。この人物については、改めて取り上げることとする。

3　水上警察署の二つの『年史』

管理・運営を担うことになった東京水上警察署は、東京補給本廠の警備強化という進駐軍の要請により、一九四六（昭和二一）年一月二六日に京橋区明石町から芝区一丁目に移転した庁舎である。[39] 管内の東京補給本廠周辺に「たむろする浮浪児・者」取り締まりが主要な任務であった。東水園を直轄した当時の東京水上警察署は、現在のゆりかもめ竹芝駅を挟んで北東側の東京都職員共済組合ホテル・アジュール竹芝付近（港区海岸一丁目）周辺に立地していた。その後、現在の港南五丁目に移転したが、二〇〇八（平成二〇）年三月三〇日をもって廃止され、江東区青海二丁目の東京湾岸警察署に組織替えになった。なお、前庁舎は現在、第五台場交番と東京湾岸警察署水上完全課として使われている。

東京水上警察署の『百年史』によると、東京水上警察署長（警視）は一九四六（昭和二一）年二月一六日から高乗釋得、一九四七（昭和二二）年三月七日から永杉義男、一九四八（昭和二三）年三月六日から重原新司が着任している。したがって、「戦災者救護会」に委嘱されるまでの間、東水園は三名の署長が園長職を兼務していたことになる。

東京水上警察署の『九〇年史』と『百年史』は、施設設置に至る内部事情を克明に綴っており、とりわけ『百年史』は、重要な証言とともに、東水園の二葉の写真と東京補給本廠周辺の地図を掲載している。しかし、施設設置の事情については、前掲の東京都民生局の起案文書とは食い違いを見せている。「治安維持」対策ではなく、何よりも「人道上の措置」であったとし、さらに進駐軍の関わりがあったことを認めつつも、東京水上警察署の主導で協議し、設置したとしている。東京水上警察署の二つの『年史』によって、この経緯を明らかにしよう。

東京水上警察署が、進駐軍東京補給本廠を主な標的に窃盗を重ねる「浮浪児」を捕まえ、「留置場」に入れても、「腰板や窓を破り集団脱走」して成果を挙げることができない。彼らは家と両親を失って浮浪状態に陥っている「不幸な少年達」であるから、「人道上なんらかの方策を講じなければならない」と、東京水上警察署長・高乗釋得が思案していた。

そのような矢先に、「浮浪児」に倉庫を荒らされて困り切っていた進駐軍東京補給本廠の保安課長・ハーター中佐からも、「敗戦によるひとつの悲劇としてこれを取扱い、何か救いの手はないか」と問題を投げかけてきた。

そこで、署の通訳を通して打診された高乗釋得が、「孤児の収容という腹案」を持って進駐軍東京補給本廠に出向き、「協議を重ねた結果」、進駐軍東京補給本廠から「施設さえあれば食糧は米軍で補給する」との提案があった。この提案を受け、警視庁、東京都民生局、芝区役所と正式に協議し、「了解を取りつけ」た上で、「第五台場見張り所」に施設設置を決定した。

このように二つの『年史』では、東京水上警察署が主導的な立場で施設設置を推し進めたことになっている。「浮浪児」対策に最も腐心していたのが、取り締まりの当事者であった東京水上警察署であり、進駐軍からも対応策を求められていたことから、おそらくこれが現場の実情だったのであろう。また、そのねらいは、非常事態の下にあった時代状況を踏まえるならば、「治安対策」に重きを置きつつも、「人道」への配慮も併せ持つものであったと思われる。何よりも「留置場」での早急な児童と大人の分離と、「人道」に配慮した児童保護の必要性に迫られていたのではないか。

また、二つの『年史』によって、施設の設置場所を東京湾に浮ぶ台場とした背景に、施設の管理運営を担うことになった東京水上警察署付設の建物があったことと、進駐軍東京補給本廠から「補給」される「食糧」を当てにする思惑があったことも判明した。

一九四六（昭和二一）年七月二五日付けの朝日新聞は、「芝浦へ天国移動」の大見出しと「勘で逃げ出す取締り」の小見出しを付けた記事で、「浮浪児」がこれまで上野、新橋、田端、赤羽駅を中心に「巣をつくっていた」のが、最近は「芝浦に移動、その数は百名にも達し、都や水上署の心配もよそにザブンザブン

《写真１》鉄格子の収容施設に浮浪児たち・東京お台場（毎日新聞社提供）

水泳、だが日暮になると悪が始まり、水上署の警戒網にかかるものが日に十数件、ところが子供の盗品目あての闇屋もある」と報じている。この記事によって、「浮浪児」が進駐軍東京補給本廠の物資と食糧をねらって「芝浦に移動した」こと、東京水上警察署がその取り締まりに躍起になっていたことが分かる。

東京水上警察署の二つの『年史』が「人道」を強調しているのは、「浮浪児」に日々接触する現場人の思いであったと思われる。しかし、当初、そうした思いはあっても、実態が伴わなかったのであろう。一九四六（昭和二一）年七月、補導された「浮浪児」が大人とは分離され、裸体で動物園の檻のような建物に詰め込まれている光景を、毎日新聞記者が台場で撮影している。写真のタイトルは「鉄格子の収容施設に浮浪児たち・東京お台場」、キャプションは「脱走者が多かった」となっている（**写真１**）。

なお、毎日新聞記者が撮影した写真には、もう一枚、同じ時期に、同じような光景を写したものがあり、タイトルとキャプションは「鉄格子の中に浮浪児を詰め込んだ東京観護」である。「東京観護」とは、当時のどこを指したものなのか。毎日新聞社が刊行した『写真　昭和三〇年史』[31]には、これと同一の写真が掲載され、キャプションには「少年保護所の子供たち　東京品川沖の第四台場」とある。これが事実であるとすれば、当初は第五、第一の台場ではなく、前掲の起案文書[1]にある第六台場でもなく、第四台場に「浮浪児」を「隔離」していたということなのか。

前掲の起案文書にある「現在水上署に宿泊中のもの」というのは、こうした「浮浪児」であった可能性がある。後記するが、小笠原宗美が「海にうかぶ浮浪児天国――東京湾のお台場『東水園』を訪ねて[4]」のなかで明らかにしている一〇歳から一九歳までの男子二三名であったのか。「思いなやんだ署長」が「お台場の見張所に収容」したと綴っているのである。「浮浪者」と分離した保護は一歩前進であったと思われるが、そのやり方は明らかに「人道」に反するものであった。

金田茉莉は、前掲書[53]で、「丸ハダカにされ、猿のようにオリの中に入れられた写真」の印象を、「子どもたちの顔は暗く、ある子はふてくされ、ある子は何かを叫んでいる、おそらく『親を返してくれ！』と心の中で叫んでいるのでしょう。（略）生きるために盗みをする子どもたちを誰が責められるでしょうか。大人の責任でありながら、子どもの人間としての尊厳も奪いとりました」と綴っている。

この一件で当事者の東京水上警察署は、報道機関をはじめ、世人の非難を浴びたのであろう。そうした世間の動向が、一九四六（昭和二一）年二月一六日付けで東京水上警察署長に着任以来、「浮浪児」の対応に苦慮していた高乗釋得をして、檻収容の取り止めを決断させ、「人道」への配慮に向かわせたのであろう。金田茉莉は、毎日新聞の写真掲載に寄せられた「市民」の「抗議」が「孤児施設」・東水園の設置をもたらしたとしている。金田の指摘通りであり、世人の声が東京水上警察署長・高乗釋得の心を動かし、「人道」への配慮の重要性を再認識させ、立ち上がらせたと思われる。

なお、付言するが、台場では「浮浪児」を対象とした鉄格子の檻が撤去されたものの、他府県のいくつかの施設では依然としてこうした実態がこの後も継続していたようである。毎日フォトバンクによると、一九四八（昭和二三）年九月八日の撮影で、タイトルが「大阪脳神経病院事件・鉄格子で浮浪児の訴え」、キャプションには「百畳敷き広間の鉄格子にしがみついて記者に実情を訴え救出を頼む浮浪児」の写真、さらに一九四九（昭和二四）年の撮影で、タイトルが「鉄格子の少年観護所に収容されている浮浪児」の写真が残されている。二葉の写真はいずれも子どもたちで、全裸か上半身裸の姿である。

補導されたら鉄格子の檻に入れられるという話は、家族を亡くした戦争孤児たちの耳に広まり、実際に収容された体験者もいる。二人の証言を紹介しよう。一家五人で疎開していた山形県で空襲に遭い、両親と妹を亡くした金子トミは、弟ともう一人の妹を連れて上京し、上野駅の地下道での生活を余儀なくされるが、そこで「狩り込み」されたら鉄格子のある檻に入れられるという話を聞かされ、公衆便所などに潜んでいたという[65]。また、山田清一郎は「狩り込み」され、一時保護所に「収容」された後、裸にされて水をかけられ、逃げないように「鉄格子」の檻のなかに入れられたという[58]。

4　初代園長・高乗釋得

檻収容とその後の取り止めを決断し、東水園の創設に立ち上がった東京水上警察署長・高乗釋得とは、どのような人物なのか。施設の土台を築き、運営を軌道に乗せた初代の園長である。創設当時、四四歳の高乗釋得は、東京水上警察署長に就任して八か月ほどが経過していた。内務省警保局勤務などを経て、主に売春の取り締まりを行う警視庁保安課長や両国、本所の警察署長を歴任してきた[32]。

ドウス昌代の『マッカーサーの二つの帽子』[43]は、高乗について、「柔道で鍛えたがっちりした体」をし、

「鼻の下にちょび髭を生やし、物言いが穏やか」で、「京都の天台宗の寺に生まれ、少年期に両親と死別」し、「東京に出て、種々の仕事につきながら独学」した人物と紹介している。しかし、「京都の天台宗の寺に生まれ」たことは史実ではない。また、「物言いが穏やか」としているが、むしろ豪胆であったと思われる。朝日新聞警視庁担当記者団は、『警視庁』[29]のなかで、後に第七方面本部長に就任した高乗釋得を「小柄ながら古武士然とした男」と評し、「非常識な代議士を署長室で殴った」などの武勇伝を紹介している。

筆者は、高乗釋得の三男・高乗正臣氏（元、平成国際大学副学長）から直接、聞き取りし、亡父・釋得と台場に創設した児童保護施設に関わる写真や資料・記録類を閲覧させていただく機会に恵まれた。正臣氏によると、亡父・釋得の生活歴は、以下のようであったという（一部、『妻子に与う「我が家の遺訓」』[32]から引用）。

「亡父が生まれ育った高乗家は京の都にあり、『明治維新まで京都御所に出仕していた』家柄である。維新後は西陣織の呉服屋（丹波屋）を営んでいた。亡父は、父・亀吉（明治四年生）、母・ノフ（明治四年生）の長男として、一九〇一（明治三四）年一一月二九日に生まれたが、一九一〇（明治四三）年に母を亡くし、さらに一九一二（明治四五）年には火災に遭って家を焼失したため、一家で山科に転居している。

山科では父・亀吉が、宗教を背景とした貧民救済のような事業をやっていた。決して裕福ではなかったが、宗教的な信念を抱いていたようで、自宅に鼻を失くした女性や、住む家のない人など、生活に困った人たちを泊めて面倒を見ていたようだ。後年、亡父は当時のことを回想し、よく『鼻のかかあー』が同居していた話をしていた。

亡父の父が、貧しい暮らしをしながら他人の面倒を見たのは、社会奉仕に熱い人だったからであろう。そうした活動が事実であったことが古文書に綴られている。毛筆で綴ったもので、若くして一九一八（大正七）年に死去した父・亀吉と亡父が漢文調で綴ったものである。三部作の一つは『倭太平貧民義法傳讀本』で、『代筆尋常四学年高乗釋得』の署名が入っている。亡父は、幼少の頃から父・亀吉の『訓育によって習い性となったのか、少、青年時代勉強した漢学の影響』を受けていたようで、しっかりとした文体で綴っている。しかし、判読が容易ではなく、どのような宗教的信念なのかが把握できない。

いずれにしても、社会のため、人のために尽くせという父・亀吉の宗教的信念と実践力を受け継いだことにより、水上警察署長時代の亡父をして、戦災孤児の保護活動に関わらせたのであろう。父・亀吉の遺訓が亡父を突き動かしたのではないか。しかし、自分が身近に接する亡父には、宗教的な言動も雰囲気もあまりなかった。わが家の菩提寺は京都の無学寺（曹洞宗）で、かつて高乗家が井戸を寄進したと聞いているが、亡父は仏事を大切にすること以上に、世のため、人のためという思いが人一倍強かったように思われる。

亡父は『八歳で母と死別し、一六歳で父と死別した不幸な境遇』にあったが、単身で上京し、働きながら苦学し、夜間の千葉関東商業学校（現、敬愛学園高等学校）を卒業した後、日本大学専門部法科に入学している。しかし、卒業する前に応召となり、退学を余儀なくされている。一九二九（昭和四）年に千葉県の巡査を拝命して以後、警察一筋に生き、まさに『生き甲斐は奉仕にあり』の人生であった。在職中の逸話がいくつも残されている。」

このような高乗釋得の生活歴から推測すると、正臣氏が指摘するように、戦争孤児や「浮浪児」の境遇に理解を示すのに最も相応しい人物であったであろう。それゆえ、「人道」への配慮は、当初から高乗釋得の念頭を離れない事柄であったことは間違いなかろう。

高乗釋得は、その後、警視庁大森署長、警視庁第七方面本部長、同第八方面本部長などを歴任し、最後は徳島県警本部長をもって勇退、正臣氏によると、『妻子に与う「我が家の遺訓」』と題する書物を書き残し、一九六〇（昭和三五）年に病を得て死去している。

高乗釋得は後年、東京水上警察署長時代のことが忘れられなかったようで、徳島県警本部長に就任直後、徳島新聞記者の取材に、次のように語っている。[66]

「東京湾の水上警察署長時代、お台場の水上監視署跡へ私がはじめて〝東水園〟という戦災孤児の施設をつくった。それからあちこちに戦災孤児の施設ができて問題に取り上げられるようになったのですが、私がその口火を切った元祖というわけです。約百五十名の孤児の面倒をみたが、『警察のオジさんありがとう』なんていう歌をきかされて男泣きしたものです。」

「私がその口火を切った元祖」云々は、まさに事実を口にしたものである。警察署長と「戦災孤児の施設」長を兼務するという前例のない役割を担った自負心を、率直に語っている。「戦災孤児」に保護の手を加えなければならない、悪の世界に陥らせてはならない、そのための保護施設を確保したい、という一念であったと思われる。なお、正臣氏は、家族が東京水上警察署の官舎に住んでいた頃の思い出として、筆者に、以下のような逸話を語っている。

「家族が東京水上警察署の官舎に住んでいたのは、私が三歳の頃だったが、当時のことでかすかに記憶に残っているのは、官舎のわが家（署長宅）にやって来たＧＨＱの将校と亡父が親しく食事をしていたこと、将校のなかにハーターさんという人がいて、お菓子やソーセージを持ってきてくれたこと、チョコレートバーの美味しかったこと、などである。また、この頃、亡母も割烹着姿で、東水園に手伝いに行っていたように思う。亡母がお台場で立っている写真が自宅にあったことを覚えている。」

ここに登場する「ハーターさん」は、前掲の東京水上警察署の二つの『年史』に登場する進駐軍東京補給本廠の保安課長・ハーター中佐と思われる。おそらく、保護施設の創業と運営のために、警察署長と公式、非公式の協議を重ねていたのであろう。

また、日時は定かではないが、進駐軍東京補給本廠将校、東京水上警察署長、東京都民生局幹部と思われる一〇人前後が、船艇を繰り出して、台場の施設の実地調査に出向いていることが判明している。拙稿[62]に掲載した三葉の写真は高乗正臣氏所蔵のものであるが、正臣氏によると、三人の進駐軍関係者の一人が「ハーターさんではないか」とのことである。

5 港区広報

第五台場を行政区域とする港区は区民に向け、「港区政ニュース」を通して、東水園設置の背景と経緯をはじめ、時々の状況を報じているが、創設の背景と経緯に関しては、前掲の東京都の起案文書や東京水上警察署の二つの『年史』との違いを微妙に浮き立たせている。

一九四七（昭和二二）年一一月一日付け「港区政ニュース」第三号は、港区芝支所民生課社会係が東京水上警察署など管内四つの警察署の「協力を得て十月十六日より三十一日に至る間」に「狩込」を行い、「十三歳より三十八歳迄の浮浪者男三十名女十名を収容麹町京橋各保護所及び養育院に送った」と報じている。この記事が掲載された当時、すでに第五台場には東水園が開設されていたはずだが、なぜか送致先として挙げていない。後記するように、一時的に閉鎖されていたのか。ところが、これ以後、同広報誌は断続的に台場の施設に関連する記事を掲載するようになる。

一九四八（昭和二三）年四月五日付け「港区政ニュース」第一六号は、創設の経緯について、注視すべき次のような一文を綴っている。

「戦災児に対する保護救済は現在主として保護所、養育院等に収容しているが、放浪癖に汚染せられたる児童達は規律ある生活を窮屈に思い、放縦なる世界にあこがれて脱走する者相つぎ、都内の各所に屯して犯罪を助長する者尠からず、由々しき社会問題を惹起しつつある、此の儘に放置せば、彼等戦災孤児の更生は永久に絶望の羽目に落入り、かくては新日本建設の礎石たる一般青少年に与へる影響は決して軽少ではないので、当区に於ては第一回の試みとして水上署と共同、水上署見張所（第五台場）の既存施設を利用し、此処に彼等を収容し、これが生活上並精神的更生を計った結果予想外の好成績を得た（略）」

これによると、「当区に於ては第一回の試みとして」東京水上警察署と「共同」して「既存施設を利用し、此処に彼等を収容し」たというのである。この記事をどう読み取るべきなのか。いつのことを指しているのか。創設した一九四六（昭和二一）年九月時のことなのか、それとも、後記するように、施設再開時のことなのか。港区は区の幹部職員や区議会議員の視察、区職員による慰問も含めて、創設時から施設が廃止されるまで、施設の設備面について物心両面から支援を行っていたことが判明している。いずれにしても、こうした経緯を踏まえ、港区が主導したことを強調したのであろうか。

「港区政ニュース」で、もうひとつ注視すべきは、施設設置の背景について「新日本建設の礎石たる一般青少年に与える影響」を考慮したと述べていることである。これは「一般青少年」との隔離をねらいとする政策であったことを明かしたものであり、東京水上警察署が力説する「人道」ではなく、「治安対策」が優先されていたことを示すものであろう。

なお、『港区史　下巻』[33]と『新修港区史』[38]ではいずれも、東京水上警察署が「保安上、浮浪児の保護・厚生の必要から」施設を設置したとし、東京都民生局と港区の関わりについては何も触れていない。

6　警察署付設の施設開所日

施設の設置場所には、前掲の東京都民生局の起案文書で第一候補に挙げられていた「第五台場見張所」が当てられた。東京水上警察署からはやや離れているものの、進駐軍東京補給本廠からは目視できる位置である。第五台場に設置されていた見張所は「昭和十八年以来廃止」[39]され、当時は使われていなかった。

東水園が設置された第五台場と、その移転先となった第一台場は、後に品川埠頭に埋め立てられることになるが、二つの台場の史跡がないため、これまで現在地点がどの辺りになるのかが判然としなかった。ところが、二〇一五（平成二七）年に刊行された『重ね地図シリーズ　東京　マッカーサーの時代編』[64]が、その確かな地点を指し示してくれた。これによると、第五台場のあった場所は、港清掃工場、内貿二号屋上などを取り囲む、港区港南五丁目七の周辺、第一台場のあった場所は、東京入局管理局の南側、港区港南五丁目交差点を中心とする周辺である。

「応急修理と清掃が急速に行われ」、そこに芝区（後に港区）から畳二〇畳、毛布、布団、ガス灯、衣服などの「寄贈を受け」[35・39]、「現在水上署に宿泊中のもの十五名」[1]を第五台場に移送して開所となった。一五名の「浮浪児」の内訳は「十三歳から十八歳まで」である。施設名は、署長・高乗釋得の命名により「東水園」となった[35・39]。

児童に対する直接的な処遇を含め、東水園の実質的な管理・運営は、東京水上警察署防犯課によって行われることになったが、これに東京都はどのように関わったのか。前掲の起案文書では、建設局に施設整備の協力を依頼するようになっているものの、民生局の役割については触れていない。実態は港区芝支所民生課社会係に関わらせたということか。

東水園の開所日は、東京水上警察署の二つの『年史』によると、「浮浪児」を移送した日の、一九四六（昭和二一）年九月一〇日である。前掲の小笠原宗美は「九月十九日から」[4]としている。しかし正確な開所日は定かではない。前掲の東京都の起案文書によると、同年九月二七日に開催された関係機関による打合会の段階では、補導された「十五名」はいまだ署内に「宿泊中」であり、向後「第一次に」収容するとしているからである。

二つの『年史』が九月一〇日としているのは、打合会の前に署内で独自に分離収容を決断し、「宿泊中」の「十五名」をほとんど整備されていないままの「第五台場見張所」に移送し、警察署員と「十五名」の「収容児童」で施設整備に着手した日であった可能性がある。なお、後掲の一九四六（昭和二一）年一〇月二五日付け朝日新聞の「孤児の天国　お台場に『東水園』」では、第五台場への児童収容日は単に「十五日から」としている。

7 元収容児童の証言

開設されたばかりの施設と「収容児童」の実態は、いかなるものであったのか。東京水上警察署は、「施設の管理と少年の補導にはことのほか気を配」ったとしているが、「治安維持」を任務とする警察署員によっていかなる処遇がなされていたのか。児童福祉法の公布・施行以前のことであり、そもそも「浮浪児」を「留置場」から分離し、東京湾に浮かぶ離れ小島に「隔離」することを主なねらいとしていたことからすると、処遇というよりも、必要最小限の衣食住を用意したに過ぎなかったというべきであろう。[39]

東水園に収容されていた経験を有する六五歳の男性の証言が、一九九六(平成八)年一一月一二日付け読売新聞に掲載されている。時期が一九四七(昭和二二)年頃ということから、証言者が一五歳か一六歳で、第五台場見張所の施設の頃であったと思われる。

「六歳くらいから十五歳前後までの男の子約二十五人が共同で生活していた。施設は約二十畳ほどの広さで、そこに子供たちがひしめき合うように寝ていた。

一日一回、水上署員が交代でボートでやってきては食事を差し入れてくれた。婦人警官や大学生も慰問に訪れたりしたが、『常駐の大人はいなかった』と記憶している。

子供たちで時折、東京湾に潜っては、カキを採ったりして食べた。米兵と若い日本人女性が、楽しそうにモーターボートに乗っている姿を見たこともある。」

「四七年の夏ごろ、『警察が福祉をやるのは筋違い。施設を引き払え』との話になり、目黒にあった裕福な福祉施設に全員で移った。」

この証言は、東京水上警察署員が交替で「収容児童」の処遇に当たっていたことを明らかにしている。注視すべきは、「常駐の大人はいなかった」と証言していることである。後記するように、署員が交代で寝泊まりする体制を敷いていたはずであり、「いなかった」とする証言は何を意味するのか。交代制勤務ゆえに「常駐」署員がいなかったということなのか。それとも、署員以外の専任の施設職員が誰もいなかったということなのか。

もうひとつの、「警察が福祉をやるのは筋違い。施設を引き払え」と、「目黒にあった裕福な福祉施設」云々の証言については、改めて取り上げることにする。

二〇〇〇（平成一二）年三月三日付け東京新聞も、「ぼくらのお台場『東水園』」の大見出しと「戦災孤児収容施設の秘話」と題する小見出しを付けた記事で、かつて東水園で生活した経験のあるAさんという六九歳の男性の証言を掲載している。元公務員のAさんの証言内容は、前掲の読売新聞での証言者と同じ部分が少なくないが、より詳しい。新たな証言内容と思われる個所だけを紹介しよう。

「家族を失い、放浪していた一五歳の頃は、『大人への不信感の塊だった』。一九四七（昭和二二）年七月の暑い日、『新橋の交番から東水園に送られた』。『電気もない。米軍支給の食糧は残飯のようだったが、飢えないのは何よりだった』。『東水園は意外に暮らし易い場所だった』。『先に住人だった十二人の仲間は家族のようで、一緒にキャッチボールや魚釣り、貝採りをして過ごした。小さい子に本を読んでやったりもした。（略）それでも自由を求めて、海を泳いで脱走する者もいた。反対にあっせんされた就職先が嫌で、施設に帰ってくる者もいた。楽しみだったのは週に一回、島を訪れて、洗濯や裁縫をしてくれる婦警さんとの交流だった』。収容されて『わずか一カ月後』、『仲間とともに目黒の福祉施設に移され、（略）東水園以来の仲間たちと一緒に学校に通った』。」

後記するように、「わずか一カ月」の生活というのは記憶違いと思われる。「米軍支給の食糧」は、その内容は別にして、前掲の起案文書[1]に示されている取り決めに、「あっせんされた就職先」云々も、起案文書に規定されている「国民学校修了者」に用意された「芝浦駐屯部隊」などの「雑役」に合致するものである。また、日中は決まった日課があったとは語っていないが、隔絶された場所で、日課の合い間に時間を見つけて遊んで過ごしていたことがうかがえる。

また、ここでも「目黒の施設に移され」たことが語られているが、移された理由について触れていない。前掲の読売新聞では、「施設を引き払え」の話に連動させて語られているが、この頃に東水園が閉鎖された確かな形跡はない。ただし、一時的に閉鎖されていた可能性はある。あるいは、「鑑別」によって別の施設に移された可能性がある。すなわち、「悪質不良性」の高じていない児童として、民間施設に移されたということである。この問題については、改めて取り上げ、検討することとしたい。

さらに腑に落ちないのは、目黒の施設から「学校に通った」という証言である。当時、すでに一五歳になっていたと思われる少年が、施設から通うことのできた学校が存在したのかどうか。記憶違いにより、就学年齢であったのか。この問題も、改めて取り上げる。

もうひとつ、金田茉莉の聞き取り調査による二人の証言があり、『東京大空襲と戦争孤児——隠蔽された真実を追って』のなかで紹介されている。金田はこの二人の証言をさらに詳しく、「浮浪児になった子の証言[61]」で明らかにしている。まさに生々しい証言である。以下、一人の証言を原文のまま引用しよう。

「MMさん、一二歳男（小六年）

両親を失ったあと親戚へ預けられたが、嫌がらせをうけ、いたたまれずに家を出た。行く先はなく寝るところも食べ物もない。上野地下道には自分と同じ弧児たちが大勢いたので仲間になった。浮浪児と呼ばれ『近づくな、目を合わせるな』と、世間の人たちは汚物を見るような目で遠巻きにして眺めるだけ。食べ物を恵んでくれる人はいなかった。

なにしろ腹がへる。一〇日も食べられない日もあった。盗んで食べるより仕方なかった。盗むと大人から殴る蹴る、コン棒でメチャクチャに叩かれた。それでも盗む。盗みが成功したときは食いだめをする。そのせいか腹をこわすし胃拡張になり、常に飢えていた。死んだ子は大勢いる。餓死や凍死、変死した。自殺した子もいた。

『刈り込み』で捕まり板橋養育院へ入れられた。子どもの死体がごろごろ廊下にまでころがっているのを見て、いずれ自分もあのような姿になると思い、逃げないよう鉄条網で張りめぐらされていた塀を夢中で乗り越え逃げた。

それからお台場へいき盗みをした。台場は当時は離れ小島だった。台場にはアメリカ占領軍の食料倉庫があり、食料は驚くほど豊富にあった。そこで水上警察に捕まり『東水園』という孤児施設に入れられた。施設は水上警察が見るに見かねてつくったのではない。浮浪児を持てあましていたのだ。昭和二一年九月に東水園が設立され、最初は一四人が入所、自分はその内の一人だ。東水園で生活したのは二二年九月ごろまで一年足らずだった。そこでの生活は海にもぐり、B29の残がいを引き揚げてくる作業だった。遺骨も海底にあった（空襲死者の遺骨か？）。大人でも大変苦しい仕事を子どもにやらせるのである。あまりにも苦しく辛い作業に、隙をみて逃げたが、また捕まった。
　東水園では勉強はしなかった。水上警察署の職員は我々子どもに非常に冷たかった。殴る蹴るは日常茶飯事であった。子どもに配給される米を横取りしていた。
　その後キリスト教の『あいりん会』が経営する『若葉寮』に入った。ここは軍隊の馬小屋を孤児施設にしたところである。施設長がいい人だったので逃げなかった。中学、高校へ通い、あいりん会の職員になって夜間大学へ通った。」

　ここに登場する「MMさん、一二歳男（小六年）」は、前掲の読売新聞と東京新聞に登場する人物と同一と思われる。そうであれば、目黒の施設に移った後に通学した学校は中学校ということになり、つじつまが合う。

　なお、目黒若葉寮の『五〇年誌[51]』により、年長児童の通学先が目黒第一中学校であることが判明した。当初、中学校側が「受けいれを拒否していた」のを、初代寮長の高橋潔士が「体当たりで和田校長を説得」して通学できるようになった。また、目黒若葉寮が「高校進学を大きく指導目標とし」たことにより、一九五〇（昭和二五）年当時、都内の養護施設から高校に進学した者「二五名」中「八名」が目黒若葉寮の児童であった。次項で取り上げる「〇島〇人」も高校に進学した「八名」のうちの一人であったと思われる。

8　目黒若葉寮への集団移送

さらに、決定的かつ詳細な証言が目黒若葉寮の『五〇年誌』に綴られている。「若葉寮の思い出」と題する一文を綴っている「昭和三二年卒寮」の○島○人（ここでは伏せ字にした）は、前掲書[61・56]と一九九六（平成八）年一一月一二日付け読売新聞に登場する「六五歳の男性」、「元公務員のAさん」、「MMさん」と同一人物と思われる。以下、○島○人の回想文を抜粋して紹介しよう。

「若葉寮は（略）（上野や池袋、新宿で狩り込まれたグループ）と二十二年八月お台場東水園から移された十四人合わせて約三十人前後でスタートしている。私はお台場組の一人であった。お台場組は一部を除いて泥棒集団だった。終戦直後芝浦は運河を隔てて米軍の物資集積場で日本人は立ち入り禁止区域、銃を持った兵隊が厳重に警備していた。私達は食うや食わずの貧しい日本人から盗むのは犯罪だが、豊かに余り余っている米軍から物を盗るのは生きていくのに当然だと考えていた。

そこで自然と抜け目の無い連中が集まって来て、夜運河を泳いだり、小船を操って対岸に渡り、野積みになっている罐詰や煙草のダンボール箱を運びだし、品川や田町の闇市で売り捌いて生業としていた。米軍は運河を哨戒艇で、陸上はジープで見回っていて、運悪く摑まってしまうこともある。そして水上警察に引き渡される、水上警察は都の施設に送り込む。すぐ逃げだして舞い戻ってくる。イタチごっこに手を焼いた水上署が海の上なら逃げ出せないだろうと、第五台場の監視哨跡に私達を放り込んだのが東水園だった。二一年九月頃、児童福祉法施行前である。

その頃、お台場に入れられる前まで、寝ぐらにしていたのは都の引揚者寮の高浜寮だった。（略）二十二年八月、初代寮長高橋潔先生の運転するトラックに乗せられ、若葉寮に着いた時、驚いたことは塀もなければ鉄条網もなかったこと、更に二十円のこずかいをくれたことだった。これまで施設に入れられれば、すぐ逃げ出す算段をして、その日のうちか二、三日中に芝浦に帰っていたものだが、ここではいつでも逃げ出せると思うと、しばらくは様子を見ようという気になった。九月になって学校へいかせて貰えるようになると、いつのまにか逃げ出す気持ちはなくなっていた。（略）お台場十四人のうち十人は数年のうちにいなくなり、一人は死亡、今生きて付き合いがあるのは三人だけである。」

○島○人は、自分自身を含めて東水園から移送された人数を「十四人」としているが、目黒若葉寮の『五〇年誌』の「あゆみ」や「年表①」は、一九四七（昭和二二）年七月頃に、「十五名の子が加わった」、「一五名を引き受ける」としている。また、初代寮長を高橋潔と綴っているが、正確には高橋潔士である。この証言によって、○島○人が東水園の開設に合わせて「第五台場」に送り込まれた最初期の「収容児童」であったこと、さらに、目黒若葉寮の開設に合わせて「第五台場」から、○島○人を含め一五人の児童が集団で目黒若葉寮に移送されたことも明らかになった。

写真2は、児童数が一三名で、初代園長の高乗釋得が真ん中に立ち、男児全員が正装の国民姿であることから、最初期の「収容児童」を撮影した記念写真であろう。警察署員と共に写っている二名の女性は、婦人警察官である。もう一名の男性は東京都民生局か芝区の職員であろうか。

それにしても、寮長自らが運転するトラックに乗せられて目黒若葉寮に収容され、その翌月から中学校に通学できるようになり、「二十円」の小遣いがもらえ、逃げ出す気持ちがなくなっていた、などの証言内容

《写真２》創設直後の園児と署員（高乗正臣氏所蔵）

は、注視すべきである。

一五人の児童を受け入れた若葉寮を運営する愛隣会は、一九四六（昭和二一）年一月、東京都の委託を受け、目黒区上目黒において、衣食住を求めてさ迷い歩く戦争孤児や母子、高齢者、障害者を対象に、雑居による収容を開始した団体である。「努力室」と称する別室に「戦災孤児」二人を分類収容したのを皮切りに、徐々に収容児童数を増やし、児童保護施設として若葉寮を開設したのは一九四七（昭和二二）年七月一日のことである[51]。

ちなみに、東京都の『民生局年報　昭和二十二年版』[11]によると、〇島〇人らが収容された当時、一九四八（昭和二三）年三月三一日現在の若葉寮の収容児童が二九名で、その内訳は一三歳以下が八名、一八歳以下が二一名と、年長児童が多数を占めている。

9　処遇体制と処遇の実態

東京水上警察署の二つの『年史』は、児童に対する処遇体制と処遇内容について、以下のような実態であったことを明らかにしている。

管理と補導等は、防犯係の巡査七名が交代で宿泊し起居をともにしてこれに当たった。そして規則正しい生活のしつけを身につけさせるために、全員を三班に分け、第一斑には、お台場の空き地一万八千四百八十平方メートルを開墾して野菜作りのほか、やぎ、鶏、うさぎ等の飼育。第二班は、燃料用流木を集めての燃料確保、第三班は、魚釣り、貝拾い、炊飯をそれぞれ受け持たせた。その日課は午前六時起床、午後八時消灯とした。

その間に自習、話し合いなどの時間を決め、雨天の日には室内体操、腕相撲などで過ごさせる等、生活に潤いを与えるよう生活環境の充実に心を配った。

食糧と水の確保には難儀している。進駐軍東京補給本廠から「給付されるパンや肉類の缶詰だけでは」児童の「口に合わない」ことが分かり、児童を「署長の家族として登録し配給を受けられるようにするなど、新たな食糧探し」をし、飲み水は雨水を利用する以外に、東京水上警察署から船艇で運んだり、沖を通る船に合図して分けてもらったという。

ここでは、進駐軍東京補給本廠から配給される食糧について「口に合わな」かったとしているが、「残飯

《写真３》台場でさつまいもを収穫する園児と署員（高乗正臣氏所蔵）

のよう」だったという前掲の元収容児童の証言がある。真相のほどは定かではないが、窮余の策として「署長の家族として登録」し、米の配給を受けたということなのであろう。食糧管理法に基づき米穀配給通帳が港区から発給され、これで「収容児童」は東京水上警察署長・高乗釋得を世帯主として台場が住所地になった。

台場を開墾して「反省農場」と命名した畑を作り、サツマイモなどの野菜類を育て、収穫しているが（**写真３**）、児童の腹を満たすには充分な収穫量であったかどうか。「反省農場」の名称は、「逃亡」を繰り返す「収容児童」への注意喚起の意味か。「浮浪児」は戦争の犠牲者であることからすると、「反省」は明らかに本末転倒である。

このように、東京水上警察署は、施設の「管理と補導等」に「並々ならぬ努力」を払い、「孤児の福祉施設として」配慮したにも関わらず、当初は「実情を知らない都民の一部から、戦災孤児を島流しにしたものだと、厳しい批判をうけた」という。檻収容を改善したのに、なお厳しい目を向けられていたのである。また、児童のなかには、施設生活を嫌い、「海に泳ぎ出す者もいた」という。

これらの事実と、前掲の「常駐の大人はいなかった」との元収容児童の証言を重ね合わせると、その実態は、夜間は交替して寝泊まりする署員がいたのに対し、日中は一時的にも児童だけで過ごしていた時間帯があったことを推測させるのである。

東京水上警察署は「島流し」のような「誤解を解消」し、「さらに内容を充実させる」べく、「防犯課から婦人警察官四名を週一回」施設に派遣し、衣類の洗濯、裁縫に当たらせた。また、派遣された婦人警察官のなかには、自費で絵本や童話本を購入・持参して読み聞かせる者や、作詞作曲した「東水園の歌」を合唱指導し、「傷つきすさんでいた孤児たちの心をいやす」者もいたという。

後記する一九四七（昭和二二）年五月一三日付け「日本ニュース」の映像には、「収容児童」が合唱している姿がある。これにより、東京水上警察署がこの歌を広報活動に使っていたことがうかがえる。また、港区刊行の「芝地区地域情報誌」[60]は、「日本で最初の婦人警官」として採用された山名茂登へのインタビュー記事を掲載しているが、そのなかで山名は、青少年課に配置替えとなり、台場の施設の「浮浪児」たちのところに、「母親代わりに定期的に慰問」に行ったと語っている。警視庁が警察民主化に沿って婦人警察官を採用・配属したのは一九四六（昭和二一）年三月一八日のことである。

写真4は、一九四七（昭和二二）年五月一四日付け毎日新聞の「孤島に作られた『少年の町』お台場東水園」と題する記事に掲載されたものである。制服姿の六名の婦人警察官は児童の身の回りの世話のために訪れたのであろう。他のコート姿の二名の女性と二名の背広姿の男性は誰か。また「東水園」の大きな看板が目につくが、離れ小島でいったい誰に向けたものだったのか。報道人など見学者向けか。

《写真４》東水園の子供（毎日新聞社提供）

こうした事実は、警察署員の他に処遇に当たる者が不在であったことを示す。都立の施設は名ばかりで、その実態はまぎれもなく一警察署付設の施設であった。東水園は都民の治安を守る警察業務の延長線上に位置していたのである。

10　幻の民生局直営構想

一九四七（昭和二二）年三月、東京都民生局児童課は、それまで養育院が所管していた児童施設を含め、すべての都立児童施設を「（民生局の）直轄とする方針を樹立」し、「児童課案による体系図[26]」を提示している。これは児童福祉法が公布・施行されることを念頭に置いた施設の所管整理による体系図案である。所管整理の理由について、都議会第一回臨時会に提出された「（昭和二三年度）諸報告」の「浮浪児の収容保護事業について」では、「本都に於ては局内の同一種類事業たる児童保護事業が夫々所管を異にして執行され、事毎に企画と運営の不統一を見ている」[13]実態の抜本的な改革のためであるとしている。東京都は児童保護行政の一元化に向け、民生局業務協議会と養育院事業運営協議会で十数回に及ぶ協議を重ね、前掲の体系図案の形での民生局への所管整理を決定したのである。体系図案によると、民生局児童課に児童保護院を置き、そこに保田学園、八街学園、あずさ園などとともに、東水園を位置付けているのである。このことは、当初の構想では、東水園を、新法による養護施設とし、民生局の直轄として位置付けようとしていたことを示すものである。このことを物語るように、前掲の一九四七（昭和二二）年五月一四日付けの毎日新聞記事には、「東水園は近く都に移管されることになっていて」とある。「都に移管」とはまさに民生局の直営化ということであろう。ところが、これらの施設で唯一、東水園だけが民生局の直営から外され、後記するように、民間委譲されることになる。

児童福祉法が公布・施行されたことに伴い、一九四八（昭和二三）年二月三日、東京都は東京都訓令甲第一二号で東京都児童収容保護施設庶務規程を定め、養護施設、療護施設、教護院の三種に分類し、施設名を明らかにしているが[14]、東水園だけが抜け落ちている。このことは東水園が都の直轄施設構想から除外されたことを示すものである。東京都民生局はすでにこの段階で、東水園の直轄施設構想を放棄し、民間団体への委譲を取り決めていたものと思われる。

東京都民生局にとって東水園は、創業時から一貫して目の上のたん瘤的存在であり、取扱い上厄介な存在だった。警察署付設の養護施設はあり得ない形態ではあったが、その一方で、この間の東京水上警察署による先駆的な取り組みを考えると、即廃止というわけにはいかなかったのであろう。後記するように、一時閉鎖を経ての民間団体への委譲は窮余の一策というべきであろうか。

東京都は親に代わり、責任を持って「戦災孤児」や「浮浪児」の養育に当たるべきであるとした前掲のときも、後記するように、受託した団体の意向に関係なく、年度途中に一方的な通告で処理しているのである。

脆弱な民間団体に業務を押し付けたというべきではないか。このことを物語るように、後に施設を閉鎖した

「調査報告書」[57]の問題提起は、いったいどこに行ってしまったのか。戦争孤児に対する養育責任を棚上げし、

11　報道人や文化人による取材

施設の運営・管理に対する都民の理解を得るために、東京水上警察署は報道人や文化人を現地に招いて大々的に広報活動を展開している。初代園長・高乗釋得の発案である。彼らによる訪問記のあらましは二つの『年史』に綴られているが、当然、いずれも警察署の提供する情報に基づいた内容である。彼らのなかには、警察署の情報によらず、自らの目で確かめて綴った訪問記もある。以下、原資料に基づき、報道人や文化人が訪問した順を追って、それらの概略を紹介しよう。

(1)　一九四六（昭和二一）年一〇月〜一一月

一九四六（昭和二一）年一〇月二五日付け朝日新聞は、「孤児の天国　お台場に『東水園』」の大見出しと「署長が園長で戸主　合言葉〝もう逃げないよ〟」の小見出しを付け、見張所に立って、船艇に乗ってやってきた「お父さん署長」を、手を振って迎える「収容児童」の写真を掲載している（**写真5**）。「お父さん署長」は初代園長の高乗釋得である。

この記事から、新聞記者に現地取材の便宜を図り、東京水上警察署側の出す情報に沿った内容を掲載させた理由が読み取れる。記事は、「浮浪児の『島流し』問題が討議されている折から、その成果に期待がかけ

られている」というのである。

「討議」は意味深な表現だが、前記した「都民の一部」から「島流し」として「批判」されている現状を打開すべく、東京都民生局や警視庁の上層部で「検討」し、試みのひとつとして報道機関を活用したということではないか。「島流し」の「批判」は、「都民の一部」ばかりではなく、当事者の戦争孤児や「浮浪児」

《写真５》署長を迎える園児（高乗正臣氏所蔵）

が公然と口にし、ひどく嫌っていたことから、報道機関を利用して理解を得ようしたのであろう。

東京水上警察署の『九〇年史』は、「実体が流説と違うことを広く世間に報道した」と綴っている。こうした東京水上警察署の広報活動が成功したかどうかは分明ではないが、一定の「成果」があったことは間違いない。何よりも、新聞で報じられている施設の生活日課が、前掲の東京水上警察署の『九〇年史』に綴られている処遇体制や処遇内容に沿っていることは注視すべきである。実態はともかくとして、防犯課署員による台場での処遇努力が伝えられているからである。

さらに、この記事で注視すべきことがある。以下の七点である。

「戦災孤児十五名」を収容した日を「十五日から」としていること、東京水上警察署長がすでに「収容児童」の住民票上の「戸主」になって「配給の手続き」を済ませていたこと、警察署員と「収容児童」による「昼夜兼行の作業」によって、四階建て見張所の一階の二〇畳と八畳の二部屋を「収容児童」の生活の場として改造したこと、港区の隣接区である京橋区（現、中央区）から畳、毛布、布団が寄贈されたこと、「収容児童」には、大阪、福岡、茨城などの他府県の児童が混じっていたこと、〝もう逃げないよ〟を合言葉にして生活していること、「いっさいの新生活設計は子供たちが合議できめた」こと。

新聞記事の最後は、次のような文章で結ばれている。


「がす燈のほやもみがかれ、花びんにはお台場名物ススキをかざり、部屋の掃除も満点、（略）〝島流し〟などという気分はどこにもない。月一回の映画や演芸や、週一回の理髪屋さんもくるし、防犯課のお巡りさん七名は毎日ここで宿直して、（略）いまはやさしい父がわりで、腕ずもうや訓育のお相手だ。そこに夢がある。ボクらの天国だ。」

「ボクらの天国だ」は決まり文句で、後記するように、訪問した報道人や文化人が東水園を報ずる際に好んで使っていたものである。また、「東水園の歌」の歌詞にある「ぼくたちは世界で一番幸福だ」に連なるものであろう。署員から何度も「ここは、お前らの天国だ」と言われていたのであろう。もうひとつの「もう逃げないよ」は、他の保護施設を何度も「逃亡」した果てに台場に連れて来られて「隔離」され、署員から「これ以上逃げるな」と厳命されたことを示すものである。

東京水上警察署の署長で初代園長である高乗釋得の「招聘に応じ」、創業一か月の同年一〇月二六日午後、東水園を訪問したのは、朝日新聞記者・小金澤克誠、「新夕刊」に「漫画フクチャン」を描いている横山隆一、俳人の濱田紅児と息子の濱田昭平である。東京水上警察署警部、同通訳、芝区役所民生課長・小田精一らがこれに随行した。署専属の通訳が随行したのは、一行の一人として予定していた進駐軍東京補給本廠のハーター中佐のためであったが、ハーター中佐は急用ができ、取り止めている。[3-2]

東水園のある第五台場を「戦災孤児」の「新生の場所」と捉える俳人・濱田紅児は、「東水園訪問記[3]」のなかで、次のように綴っている。好いこと尽くめの内容である。

「室はこころよきまで整えられ、壁には日々の日課など綴りありて、その日その日の生活の正しさを偲ばる。弧児等は園主高乗氏を囲みて、父のこと母のことなど親の愛を偲びつ、過ぎし日のことども語り話せり。（略）かくして座談の一ト刻は過ぎ、日課としての作業に移る。或る者は鋤鍬など持ちて地ならしへ、又ある者は夜の食膳を飾らんとして沙魚釣りなど天高き秋天の下、逞しく、各自の持場に働く弧児等の様など殊に頼し。」

《写真６》ランプを囲んで園児と署長の座談（高乗正臣氏所蔵）

横山隆一は「〝弧児の天国〟お台場漫訪」[2]のなかで、台場が「孤児の天国」になったという新聞記事を読んで、「希望の島」を訪問することにしたといい、警察署で「坊さんの様な名前」の高乗署長から施設創業の経緯を聞いたこと、進駐軍のハーター中佐が「収容児童」の「食糧に道をつけ、衣服を支給してくれた」ことなどを綴っている。

横山は五つのカットを入れて東水園とそこで暮らす児童の様子を紹介しながら、児童の寝室は「コンクリート建ての十五、六畳の部屋で真新しい畳が敷いてあり、水上署の本署より余程住み心地がよさそうです。部屋の中にランプが二ツ三ツ置いてあり、夜になると、このランプを囲んでお回りさんの先生と楽しい座談会がはじまります。食事はすべて子供が作ります」と綴っている（**写真６**）。

横山は、「生活力のある」児童を目の当たりにして「無情を感じました」と自らの心情を吐露し、「子供達の新しい故郷になるように祈りながら」別れを告げたと綴っている。濱田同様、横山も好いこと尽くめの記事を綴り、「隔離」されている児童の思いや願いとはまったくかけ離れた地平から、「新しい故郷」になることを夢見、祈っている。

朝日新聞記者の小金澤克誠は、「こども」向けの『こども朝日』に掲載した「小島の少年たち　品川のお台場でほがらかな毎日[8]」のなかで、東水園を「不幸な戦災孤児」の「天国」とし、「もう誰も以前のように町の中に逃げ出そうとするものもなくなった。まずしくとも、少年たちにとってお台場の生活は楽しいのである」と綴っている。

不鮮明であるが、五葉の写真には、「ランチからながめる〝弧児の天国〟お台場」「開こんのクワにもねつがこもる」「やさしい署長さんをかこんでお話をきく」「休みの時間を読書にすごす弧児たち」などのキャプションが付されている。また、東水園の名称について、署長の高乗釋得が「東京水上署の東と水とをとってつけた名」としている。

濱田や横山らの文化人の記述は別としても、朝日新聞記者の記事は、署長の説明を鵜呑みにするだけで、記者としての批判精神が皆無なのはどうしたことなのか。逃げ出す児童がいなくなったとか、台場の生活が楽しいなどの記事は、いったい何を視察していたのか。

同年一一月二八日付けの時事新報が、「うつくしい話」として、「弧児　お台場に歓声　海を渡る婦人警官」のタイトルと一葉の写真入りで東水園を紹介したことを、東京水上警察署の『百年史』が紹介している。筆者は時事新報の原資料を閲覧していないため、その詳細を確認できないが、『百年史』に掲載された新聞記事の写真によると、警視庁青少年課の婦人警察官一四名が東水園の「収容児童」に同情し、東京水上警察署の案内で、絵本や童話本を持って慰問に訪れ、児童を喜ばせたというのである。

《写真７》東京水上警察署内で合唱する園児（高乗正臣氏所蔵）

(2)　一九四七（昭和二二）年一月〜三月

年が明けて一九四七（昭和二二）年一月一二日付け朝日新聞は、「灯がついたよ僕らの心に」のタイトルに「『東水園』の孤児たちお禮の合唱」の副題を付けた記事と、「孤児たち」の「お礼の合唱」の写真を掲載している。全員が男児である（**写真7**）。

この記事で注視すべきは、正月に東京水上警察署長から「十円ずつお年玉をもらって三人一組が交替で映画や寄席に行ってきた」ことと、一〇日には東京水上警察署に招かれて浪花節を聴き、「昨秋から親切に面倒を見てくれた水上署のおじさん達」にお礼をしようと、「孤児たち」が練習した「東水園園友歌」を合唱したことである。「十円」の「お年玉」は、署長・高乗釋得のポケットマネーだったのであろうか。

また、前記したように、合唱を聞いた署長が感激の涙を流したことを、後年、忘れられない思い出として語っている。

小笠原宗美は、一九四七（昭和二二）年の一月から二月にかけての某日、東水園を訪れ、『婦人倶楽部』[4]に二葉の写真とともに「海にうかぶ浮浪児天国――東京湾のお台場『東水園』を訪ねて」を掲載している。「愛と食に餓えて」「めざましい更生ぶり」「母親代りの婦人警官」「この寝ぐらの暖かさ」「僕らは世界で一番幸福だ」「尊し女の愛情」の小見出しに示されているように、徹底して婦人警察官の活躍ぶりに焦点を当てている。「収容児童」の衣食住の全般にわたって、婦人警察官が「保姆のように」きめ細かく面倒を見ていたというのである。この点では、戦災者救援会深川寮に委嘱されて以後の、主に男性職員による処遇と比較すると、大きな違いではなかったか。

特筆すべきことは、小笠原が「教育―学校がない」ことについて疑問をぶつけたことに対し、主任の警察官が「それには私どももいちばん頭をなやませています。何しろ離れ小島で交通の便がわるく、どうしようもありません」と答えていること、もうひとつは、署長・高乗釋得の話で、前年の一〇月には「二人の少年が巣だち、一人は本署で月給五百円をもらって住込みの給仕に、他の一人は署の差入弁当を作る炊事当番に就職、いずれも立派な社会人として更生している」ことである。

次に、朝日新聞記者の小林文男が「もう子どもたちが、落ちついているころと思っ」て、同年三月頃、東水園を訪れている。後に執筆した『問題児』[27]で、一人の「収容児童」の「脱出」のてん末を七頁にわたって記述し、施設の置かれた事情に厳しい目を向けている。「浮浪児が流す害毒を断ち切るための隔離戦法」という「島流し」説が有力に主張され、「善導いかんによっては、絶対に成功する」と力説されて設置されたとする当施設について、署の担当者が「活用」という言葉を「平気でつかっていた」と綴っている。小林は、「隔離戦法」や「島流し」のための「活用」という言葉に、何事かと問題視している。

乗船した東京水上警察署のポンポン船が台場に到着すると、署員の掛け声で駆け寄って来た「収容児童」が面前で「東水園の唄」の合唱を始めた。目下「脱走」中の児童が作った唄で、合唱は「無暗にガナリまくっているヤケ気味の声であった」という。

小林は、「最悪児のラク印をおされた……男女合わせて二十九名」の児童から「海上脱走事件」を聞き出している。大阪市出身の一三歳の児童は、三日間をかけて台場にある雑木を拾い集め、さらに針金とアサヒモを探し出し、山羊小屋の裏の草むらに隠れ、二日間をかけてイカダを組んだ。深夜の満潮時をねらってイカダを漕ぎ出したが、予定の芝浦岸壁には着かず、湾内を流されて南品川の鮫洲沖合いで漁師に助けられた、という。

これが、東水園で最初の「脱出」で、それから二〇日間と経たないうちに、「収容児童」二九名中一八名が海を渡って逃げてしまった、という。「脱出児が全部陸に着いたものか、何人が溺死したのか、いまでもその成果はわからない」とし、最後に小林は「以上の現実は、わたしたちオトナに、一体何を教えているか」と問い、「東水園はその後閉鎖されたが、わたしは子どもたちとともに、当然なことだと思っている」の言葉で結んでいる。東水園の存在は、「戦災孤児」や「浮浪児」にとってきわめて不当なことだ、というのである。

(3)　一九四七（昭和二二）年四月〜六月

進駐軍最高司令官・ダグラス・マッカーサーの要請を受け、フラナガン神父が来朝していた同年の四月から六月にかけての某日、東京学芸大学の学生を中心に結成されていた「浮浪児、戦災孤児」を慰問する「わだち会」の「巡回子供会」に付き従って東水園を探訪した朝日新聞の「駆けだし」記者・永井萌二は、後に

「地下道から十年[30]」と「浮浪児と歌[28]」を執筆し、「弧児の天国」ともてはやされていた東水園を痛烈に批判している。

「ここは、海上の弧島に、雲と波とゆきすぎる船のほか、何一つ慰めるものもないところ。望楼だった草原の一軒屋の二十畳が子供たちのすまい。監視の巡査が一日交替でつめかけているだけ。およそ人権を無視した人情味の皆無なことは、まるで『ブタ箱』同然。何のことはない、上野動物園にある猿が島そっくりだった。[30]」

さらに、「収容児童」たちが顔をゆがめて「ああ、逃げてえなあ[28]」と繰り返すのを聞いて、東水園は「奇形的収容施設」で、「俗に『逃水園』ともいわれていた[30]」と綴っている。「逃水園」と命名したのは「収容児童」たちであろう。この言葉に、逃げたいという自分たちの切なる心情を込めていたのであろう。また、「数日前、五、六人が語らって、陸を目ざして海を泳いだ。溺死したものもあった[30]」という衝撃的な事実も綴っている。

永井は、監視の巡査の指示によって「収容児童」たちが「東水園の歌」を合唱してくれたのを聴き、「『何が世界で一番幸福だ』と、同情と義憤にかられた。歌詞に少しも、やさしい思いやりがないではないか。それは、ちょうど野蛮な隔離主義で、複雑な浮浪児問題を、かんたんに始末しようとするお役所仕事の空々しさだ[28]」と噛み付いている。

さらに、東水園のある第五台場では「夜パンパンがアメリカ兵に連れらて、こっそりふねでのりつける。みだらな男女の姿態を彼らは暗闇の草むらに見ることもある[30]」という事実を児童から聞き取り、悪環境のな

郵便はがき

料金受取人払郵便

神田局
承認

9745

差出有効期間
2017年4月
30日まで

切手を貼らずに
お出し下さい。

101-8796

537

【受 取 人】

東京都千代田区外神田6-9-5

株式会社 **明石書店** 読者通信係 行

お買い上げ、ありがとうございました。
今後の出版物の参考といたしたく、ご記入、ご投函いただければ幸いに存じます。

ふりがな お名前	年齢	性別

ご住所 〒 -

TEL ( ) FAX ( )

メールアドレス	ご職業（または学校名）

＊図書目録のご希望 □ある □ない	＊ジャンル別などのご案内（不定期）のご希望 □ある：ジャンル（ □ない

書籍のタイトル

◆本書を何でお知りになりましたか？

□新聞・雑誌の広告…掲載紙誌名［　　　　］
□書評・紹介記事……掲載紙誌名［　　　　］
□店頭で　□知人のすすめ　□弊社からの案内　□弊社ホームページ
□ネット書店［　　　　］　□その他［　　　　］

◆本書についてのご意見・ご感想

■定　価	□安い（満足）	□ほどほど	□高い（不満）
■カバーデザイン	□良い	□ふつう	□悪い・ふさわしくない
■内　容	□良い	□ふつう	□期待はずれ

■その他お気づきの点、ご質問、ご感想など、ご自由にお書き下さい。

◆本書をお買い上げの書店

［　　市・区・町・村　　書店　　店］

◆今後どのような書籍をお望みですか？

今関心をお持ちのテーマ・人・ジャンル、また翻訳希望の本など、何でもお書き下さい。

◆ご購読紙　(1)朝日　(2)読売　(3)毎日　(4)日経　(5)その他［　　新聞］

◆定期ご購読の雑誌［　　　　］

ご協力ありがとうございました。

ご意見などを弊社ホームページなどでご紹介させていただくことがあります。　□諾　□否

◆ご 注 文 書◆　このハガキで弊社刊行物をご注文いただけます。

□ご指定の書店でお受取り……下欄に書店名と所在地域、わかれば電話番号をご記入下さい。
□代金引換郵便にてお受取り…送料+手数料として300円かかります（表記ご住所宛のみ）。

	冊
	冊

定の書店・支店名

書店の所在地域　都・道 府・県　市・区 町・村

書店の電話番号　（　　　）

かに東水園があることに怒っている。

同年五月一日付け第一新聞婦人欄に「愛にうえる子供たち　一婦人警官の手記」と題する記事が掲載されていることを東京水上警察署の『九〇年史』が紹介している。筆者は第一新聞の原資料で確認していないため、詳細を確認できていない。『九〇年史』によると、記事は、東水園に定期的に派遣されていた婦人警察官の、「収容児童」に対して細やかに世話を焼いている様子を日記体で紹介した内容である。

永井萌二が訪問した時期と重なるが、一九四七（昭和二二）年五月一三日付け、日本映画社製作の「日本ニュース」は女性記者を伴って第五台場の東水園を取材している。「キャメラ報告――お台場の子供たち東京」と題する、時間にして二分に満たない映像だが、当時の実態を生々しく映し出している。「収容児童」の服装は粗末なものだが、一様に笑顔を見せている。剣玉に興じたり、薪割りをしたり、小船で運ばれてきた食缶を駆け足で迎えたり、食事の準備をしたり、合唱をしたりする児童の姿が映し出されている。

ナレーションと記者のインタビューは、以下の通りである。

徳川幕府が黒船来襲におびえて品川沖に作ったお台場は、今、浮浪児の収容所になっています。児童福祉週間を迎えて、われわれがこの収容所を訪れると、子供たちは雨の中を飛び出してきました。外へ出られない雨の日はこのような遊びで時を過ごしています。

《記者》「何しているの。おなかすかない？」

《少年》「すかないです」

《記者》「そう？　今、坊やたちがいちばんほしいものはなあに？」

《少年》「靴です」

《記者》「こちらの坊やは？」

《少年》「時計です」

《記者》「時計って、どういう時計？」

《少年》「柱時計です」

《記者》「柱時計。柱時計は何するの？」

《少年》「居間にいたら時間がわからないから」

人懐かしいらしく、食料を積んだ小舟がきてもみんなで駆け出してゆきます。離れ小島での教育が効を奏するかどうか、浮浪児対策の問題はなお今後にあるようです。


欲しいものが「靴」や「柱時計」との言葉は、不自由な生活実態を如実に示すものではないか。離れ小島ゆえに、生活上、靴や柱時計は必要ないと思われ、何よりも靴は「逃亡」を防止するために使用制限が掛けられていた可能性がある。

後記するように、童話作家・来栖良夫による探訪記事[10]に、第一台場に移転し、民間団体・戦災者救援会に委譲された東水園でも、「収容児童」が「ハダシ」であったと綴っているのである。前記した朝日新聞記者・小林文男も何が欲しいかを聞き、ハーモニカ、蓄音機、電気、モーターボートなどの答えを得、なかでも「トンヅラ（脱走）」用のモーターボートの答えに驚いている。なお、この日本映画社による取材時には、初代園長の高乗釋得はすでに転出している。

日本映画社の女性記者の訪問後、作家の高見順が東水園を訪問し、「東水園の子供達[9]」と題する探訪記事を綴っている。高見は、「私はかねて、そこへ一度行ってみたいと思っていた」と探訪の動機を明らかにし、二人の婦人警察官に連れられて訪れている。

「婦人警察官が笑顔で子供たちに話しかける。子供たちも笑顔でハキハキと返事をする。婦人警察官と子供たちはいかにも仲良しという感じだった。（略）遠くから見た外見は瀟洒な洋館だが、近づいてみると永く荒廃のまま捨てられていたらしいことが分った。しかし乏しい資材で手入れはしてある。子供たちが起居しているところは板の間に毛布を敷いた広間であった。婦人警察官が水上警察署の防犯係から依頼されて来たちり紙を十五人の子供たちに分け与えた。この子供たちのために給料のなかから金を積み立てて買ったものであることを後で知った。野球のルールを書いた本、漫画の本、科学読物などを渡すと、子供たちはすぐ頁を繰って食い入るように眼を注いだ。『これは本屋さんがみんなにあげてくれと言ったので、持ってきたのよ』――そう言って、硝子のしゃぼん玉吹きの玩具も分けた。（略）婦人警察官が針と糸を出して、子供たちの汚い洋服のほころびを縫いはじめた。」

高見は、「他人の不幸に対して好奇心を抱くとは、なんという下司な根性だろう」と自己批判し、「ここの子供たちは、実に私なのだ。私はひしひしと、そう感じた。（略）この子供たちの悲劇は、私の、私たちの悲劇である。子供たちの悪は、私たちの悪である。日本の悪であり日本の恥である」の一文で締めくくっている。

12 「恰好の題材」に

このような報道人や文化人を活用した東京水上警察署による広報活動が相乗作用をもたらしたのであろうか。彼らによる探訪記が新聞、雑誌に続々と掲載されるようになる。逸見勝亮は、東水園がこうした報道人や作家・文化人の「恰好の題材であった」としている[59]。何がこれほどまでに報道人や文化人を突き動かし、「恰好の題材」とさせたのか。

さまざまな事情や背景があったと思われるが、戦争孤児と一部の「特質浮浪児」を離れ小島に「隔離」したことの異様さ、しかも、警察署が直轄で「収容児童」を管理・運営していたことの特異性、そのなかにあって、採用されて間もない婦人警察官が子どもたちの母親代わりとなって献身する姿への関心、さらに、このような苛酷な環境にあって、戦争孤児や「特質浮浪児」たちが、旺盛な生活力をもって、果敢に「脱走」や「脱出」を試み、担当の署員たちを翻弄させていた話題性、などであろうか。

報道人や文化人による「恰好の題材」は、こうした硬派の内容ばかりではなかった。この当時、軟派の雑誌として世の大人たちに人気を博していた『りべらる』に掲載された、津軽信雄による「東水園の少年少女――浮浪児たちの性生活[17]」と題する短編小説である。社会に広く知れ渡っていた台場の東水園を舞台にし、悪事を働いて東水園に収容された一四歳の「浮浪少年」と一二歳の「浮浪少女」が登場する。

永井萌二が指摘したように、東水園の在園児童は、台場に紛れ込む大人の男女の痴態を目撃していたのである。それゆえ、台場の東水園と、そこで暮らす「収容児童」は、エロ小説を執筆するのには「恰好の題材」を提供してくれるものであったと思われる。

津軽は、東水園を東京湾の東品川の海岸べりに「ぽっかりと、玩具のような、緑の小島」の「第一号台場」に位置するとし、その実態を詳細に描写している。

「島につくまで、十二三分。陸の方から見ると、ただ、こんもりと盛り上がっただけの人ひとりいない無人島のようであった」「そこには四名の少女のまじった、八歳から十八までの浮浪児が八十名ばかり住んでいた」「収容児はみんな、汚れ放題に汚れた霜降りの夏の小学生服を着ていた」

津軽は執筆前に、すでに戦災者救援会に委譲されていた第一台場の東水園を視察したのであろう。児童が収容されているすぐ傍で性的行為が行われるような環境下に施設が位置していたことの問題性は、改めて指摘するまでもない。施設内でのストーリーの展開は到底あり得ないことであるが、津軽の描写にある「四名の少女」が「収容児童」のなかに「まじっ」ていたことは、前記したように事実であった。

第二節　民間団体による管理・運営へ

1　児童福祉法の公布・施行を目前にして

東京水上警察署による報道人・文化人の利用によって「ようやく成果が現れはじめた[35]」東水園は、その管理・運営をめぐって大きな問題が浮上する。厚生省児童局の下で、中央社会事業協会常設委員会を通して立案作業が行われ、まとめ上げられた児童福祉法案の審議が、第一回国会・衆参両議院厚生委員会でなされ、その公布・施行が間近に迫っている状況下で、現行の方法による施設運営が困難であることが判明したのである。建て前上は都立施設とはいえ、警察署直轄の実態をはじめ、立地条件や設備環境の劣悪さは、児童福祉法による運営を阻む大きな障壁であった。

公布・施行が予定される児童福祉法の第三五条（当時）では、「市町村その他の者」が児童福祉施設を設置する場合には、「行政庁の認可」（後に「都道府県知事の認可」に変更）を受ける必要があった。都道府県が設置する場合には、あらかじめ厚生省に事前協議する必要があったものの、独自に直営児童福祉施設を設置することができた[23]。したがって、東水園の場合、法令の規定からすれば、厚生省児童局の判断は別にして、東京都は自らの手で法内施設化することは困難ではなかった。しかし、現状に鑑みると、直営の法内施設化は困難であると判断せざるを得なかった。困難であるというよりも、不適切と判断したのではないか。

東京都民生局はそうした判断を東京水上警察署長に伝えたと思われる。直営の法内施設化が不適切であると東京都が判断した事情については後記する。現状での直営の法内施設化は相応しくないと東京都が判断せざるを得ない状況下で、施設を「廃止しなければならなくなった[35]」東京水上警察署は、危機感を持って「存続を考慮」し、東京都と港区に働きかけた。東京水上警察署の『百年史』は、「なんとか存続させようと港区などに働きかけたが、区では予算がなかった」というのである。

2　東京都に対する港区議会の陳情

このような東京水上警察署による、港区に対する何らかの働きかけがなされていたことを示す確かな資料がある。一九四七（昭和二二）年一一月二一日付け「港区政ニュース」第五号は、一一月一三日に港区総務課長をはじめとする区役所職員と港区議会厚生常任委員ら総勢一三名が東水園（「厚生施設」と表記）を視察したことを報じている。一行が視察したのは、児童福祉法が公布されるわずか二週間前のことである。この記事はたったの三行に過ぎないが、この視察が重要な案件であったことを示すものであろう。

この「港区政ニュース」で報じられた視察のおよそ三か月前の一九四七（昭和二二）年七月三〇日、港区議会で、区議・岡謙四郎が「浮浪青少年の防止」策について質問したのに対し、この分野を担当する副区長兼麻布支所長（東京都主事）・中西清太郎が、以下のような注目すべき答弁をしているのである[7]。

「本区におきましては芝浦のお台場、東京湾の第一お台場に建坪百十五坪の余り立派な建物ではありませんが、バラックよりはよい建物が最近落成いたしましたので、これは収容予定六十名であります。これに芝浦一帯に徘徊いたしますところの気の毒な浮浪児を主として一時的に収容する。親許から離れておる者は親許に渡すまでここに一時収容いたしまして、それぞれの身許を調べ、それぞれの事情によって適当な場所に移して再興を図りたいと、かように考えております。これは都の方の経費でやったものでありまして、まだ開設の運びに至っておりませんが（略）。」

これは、第一台場において港区が独自に「浮浪児」のための施設運営に取り組む方針であること、収容予定数六〇人の施設の用途を一時保護と鑑別に限定すること、を明らかにしたものである。また、第一台場に「最近落成」した建物の費用は、東京都が負担したとも述べている。さらに、いまだ開設には至っていないとも述べている。

このことは、これまで東京水上警察署が第五台場で行ってきた東水園の管理・運営を、港区が引き継ぐ意向であることを示したものなのか。しかし、答弁には不可解なことがある。第五台場の施設の実態にはまったく触れていないことである。この頃には、後記するように、施設を一時的に閉鎖していたものと思われる。東京都民生局は、いったん閉鎖した上で、今後の対応等を検討していたのか。なお、「まだ開設の運びに至っておりません」の意味については、再度、取り上げることにしたい。

さらに、この区議会での答弁と、前記した大掛かりな視察の結果を踏まえ、同年一二月二三日付け、港区議会議長及び港区議会厚生常任委員長名で、安井誠一郎東京都知事宛て「東水園建築物を港区の管理運営に移す件」[6]と題する陳情書を提出する。このなかで、「区の管理に御移管を願い、是等の浮浪児を収容育成する施設所としたい成案を有するものでありますから、格別の御詮議により港区の管理運営に委ねらるる様御配意を願い度」いと陳情している。

このような港区と港区議会による一連の動きは、危機感を持った東京水上警察署に呼応し、港区が自前で施設運営に乗り出す意向を打ち出したことを示すものである。したがって、前記した東京水上警察署の『年史』にある「区では予算がなかった」とする記述とは大きく食い違う。なぜ、このような食い違いが生じたのか。これを解く鍵は、陳情を受けた東京都がこれにどう対応したかにあるように思われる。

資料を見出せないため、確定的なことではないが、東京都が港区議会の陳情を認めなかったということであろう。その結果、港区は施設の直営による管理・運営を断念したのであり、「区では予算がなかった」とする、前掲の『百年史』の表現になったのではないか。

これに関連することで、「港区政ニュース」が注視すべき記事を掲載している。「東水園港区に貸与さる」と題する記事を掲載した一九四八（昭和二三）年四月五日付け第一六号である。このなかで、「水上署見張所第五台場」に収容し、「生活上並精神的更生を図った結果予想外の好成績を得た」ので「更に多数の孤児を収容し保護救済の万全を期する為、施設を拡張するの必要を痛感し、今般第一台場旧河岸兵舎を最適と認め使用する運びとなった」とし、施設が港区に「貸与」されたとしているのである。

そもそも施設の「貸与」とはいかなることなのか。東京都から港区への管理・運営の「貸与」ということなのか。港区が区民への広報誌にこの記事を掲載した当時、東京都は東水園を児童福祉法による養護施設とすべく、移転地である第一台場で施設整備にかかっていたときと思われる。ただし、前記したように、この頃には東水園は東京都民生局による直営化の構想から除外されている。それが「最適と認め使用する運びになった」ので港区に「貸与」されることになった、というのである。これが事実であるとすれば、東京都が後記する「戦災者救援会深川寮」に委嘱する前の一時期、東水園はいかなる方式・形態によるのか定かではないが、港区に「貸与」されたということなのであろうか。

東京都による港区への「貸与」は釈然としない。仮に「貸与」が事実であったとして、直営化を断念せざるを得なかった港区にとって何ほどのメリットがあったのか。何よりも、港区は「貸与」を受けた施設でいかなる処遇に当たる計画だったのか。

釈然としないことがもうひとつある。前掲の一九四七（昭和二二）年七月三〇日付け港区議会で、副区長が第一台場の建物が「落成」したと答弁し[7]、この区政ニュースでは、「今般第一台場旧河岸兵舎を最適と認め使用する運びとなった」としていることである。これが事実とすれば、八か月もの間、施設を使用していなかったと解すべきなのか。管理・運営の一時的な休止・閉鎖があったということであろうか。

この記事には、釈然としないことがさらにもうひとつある。港区が東京水上警察署と「共同」して事業を行ったように綴られていることである。設立時からの経過をたどれば、港区は間接的に関わっているに過ぎない。ただし、本来、業務を遂行すべき東京都民生局に代わって港区が関わっていると解すれば、「共同」は了解できる。

3　第一台場への移転と戦災者救援会深川寮への委嘱日をめぐって

港区議会からの陳情を受けた東京都で、とりわけ児童保護事業を所管する民生局は、「収容児童」の激増を前に、八方手を尽くして施設の増設に取り組んでいた。したがって、東水園の直営化は理に適っていることであり、前記したように、民生局児童課は当初は、表向きには直営の方針であった。しかし、その後、管理・運営を東京水上警察署から切り離し、民生局による直営に転換しようとしたとする資料は、前掲資料[26]の他に見出せず、むしろ直営化の放棄を示す資料ばかりである。港区による直営化も認めなかった。ただし、前記したように、「港区政ニュース」により、東京都民生局が港区に対し、第一台場の建物のみ、何らかの条件を付けて「貸与」を認めたことがうかがえるのである。

東京都が直営に踏み切らなかった背景には、三つの要因があったと思われる。第一に、立地条件や施設設備があまりにも劣悪で、抜本的な改善の方策が見出せなかったこと、第二に、施設の立地条件に対する都民からの批判を軽視できなかったこと、第三に、新聞や雑誌などが施設探訪記事を書き立て、「島流し」「浮浪児収容所」「隔離」「溺死」「特質浮浪児」「脱走」など話題提供に事欠かなかったこと、である。

東京都は、こうした事情を抱えた施設を直営で維持することは不適当であると判断したと思われる。しかし、進駐軍東京補給本廠の意向を受けた東京水上警察署の強い要請と、「特質浮浪児」を取り巻く状況からすると、東水園の閉鎖は当面、避けなければならなかった。結局、東京都は都及び区による直営を不適当とし、戦災浮浪者のための保護施設を運営していた「戦災者救援会深川寮」への「委嘱」を決行する。苦肉の策である。民間への「委嘱」は、建物の港区への「貸与」と一体となっていたものなのか。

この団体名について、東京都民生局の行政資料では、「戦災者救護会」「戦災者救済会」など表記が微妙に異なっているが、財団法人中央社会事業協会社会事業研究所の「戦災浮浪者収容施設現況調査一覧（昭和二十一年四月末調査）」[56]及び「東京都内に於ける戦災浮浪者援護に関する調査報告書（昭和二十一年三月調査）」[55]の表記にならって「戦災者救援会」とした。二つの資料によると、戦災者救援会深川寮の創立年月日は一九四五（昭和二〇）年一二月三日、実施事業は「戦災浮浪者収容戦災労務者宿泊」、所在地は東京都深川区新大橋三の一四である。東京都民生局総務課の『東京都管内公私社会事業施設一覧』[21]によると、深川寮の所在地は江東区新大橋三の一四、八名川小学校内である。

八名川小学校の二つの『年誌』[36·45]には、「校舎は都営の応急戦災者住宅になり、大勢の戦災者が住んでいました」「校舎は都営住宅に改造され、人々が地下室まで大勢住んでいました」「焼け残った講堂は勿論、骨だけ残った各階の教室は応急戦災者住宅として何十世帯の住居となり、防空用の地下室にも幾世帯かの被災者が住んでいました」などの綴りから、校内に「戦災浮浪者」収容施設・深川寮が存在したことは明らかである。また、東京水上警察署の『九〇年史』は、代表者を小野精三としているが、正しくは水野精巳である。

東京都民生局は、当時としては異例と思われる都立民営方式の手法を採った。委嘱先として深川寮を運営する戦災者救援会を選んだ事情は定かではないが、ひとつは、団体の事業所が第一台場に近接し、隅田川を使うと比較的交通の便が良いこと、もうひとつは、すでに二年にわたる「戦災浮浪者収容施設」の事業を運営し、少数ではあるが児童も受け入れている実績があったこと、などであろうか。

委嘱によって、東京水上警察署はもちろんのこと、東京都民生局も港区も東水園の管理運営から撤退したことになる。しかし、実質的には完全撤退とはならず、三つの機関はそれぞれの業務の範囲内で引き続き関わっていくことになる。とりわけ東京水上警察署は、一部の児童の送致をはじめ、行政機関などの視察時の送迎、支援物資の運搬などに当たっていたことが判明している。

東水園は、委嘱が契機であったのかどうかは定かではないが、それまでの第五台場から第一台場に移転することになる。園舎はすでに完成していた。第一台場は、前掲の東京都をはじめとする関係機関による協議[1]で、利用候補地のひとつになっていた場所である。二つの台場はごく隣接した位置関係にあった。

一九四七（昭和二二）年八月二五日には、三〇人の「収容児童」が第五台場から第一台場に移転したとされているが、[35·39]問題にすべきは、正式な移転と委嘱の年月日である。東京都からの戦災者救援会深川寮への委嘱が、第一台場への移転に合わせたものだったのか、それとも移転後のことだったのか。さらにもうひとつの大きな問題は、この委嘱日と児童福祉法に基づく認可日が密接に絡んでいたのかどうかである。

これについて、東京水上警察署の二つの『年史』は、第一台場の施設整備がなされた後の移転に合わせて委嘱がなされたようになっている。[35・39] 東京都民生局の行政資料には、この点について確かな事情を伝えるものが見当たらない。『昭和二十一年度　民生局年報』の「都立、民間委託児童保護施設別収容状況表」[5]によると、一九四七（昭和二二）年一月現在の東水園は、定員二〇に対し現員が一五で、なぜか都立なのか民間なのか判別がつかないように分類している。深川寮も定員五〇に対し現員が四七となっている。また、『昭和二十四年版　民生局年報』の「児童福祉施設収容保護施設別調」[20]によると、東水園は「養護施設（民間）」の内訳のなかで、一九四九（昭和二四）年三月三一日現在、現員四四になっており、児童福祉法による民間養護施設として扱われている。

ところが、この間の一九四八（昭和二三）年三月に東京都民生局が刊行した『東京都管内公私社会事業施設一覧』[21]には、「育児」欄にも「少年保護」欄にも東水園が登場しない。また、『昭和二十二年版　民生局年報』の「児童福祉施設収容保護施設別調」[11]の一九四八（昭和二三）年三月三一日現在の「養護施設」の内訳にも東水園がない。さらに、戦災者救援会が管理・運営する深川寮の名称が消えている。ただし、紛らわしい施設名で「戦災者救済会」が登場し、現員が男二二女一七となっている。

これをどう解釈すべきなのか。東水園は、第五台場から第一台場に移転したとされる一九四七（昭和二二）年八月二五日以後の某月某日から、少なくとも行政年度の昭和二三年度の某月某日までは事業を中止し、同じ昭和二三年度の某月某日に再開した、したがって、その間、東水園は一時的に休止・閉鎖していたということなのか。これが事実とすれば、警察署の二つの『年史』の記述は間違いとなる。

一時的な休止・閉鎖について、東京水上警察署の二つの『年史』は何も触れていないが、別の資料にこのことを推測させるものがある。後記するが、第一台場の東水園を探訪した童話作家の来栖良夫によると、東水園は「四十七年の九月には、いちおう閉鎖された[10]」と綴っているのである。「いちおう閉鎖」の理由は綴られていないが、「閉鎖」されたのは第五台場のことであろう。児童福祉法による養護施設として認可するに当たり、委嘱先の民間団体との間で条件整備をしなければならず、そのために東京都が「いちおう閉鎖」の措置をとったのであろうか。

いずれにしても、東京都の行政資料は、児童福祉法による東水園の認可が、一九四八（昭和二三）年四月から翌年の三月末日までの間、すなわち「昭和二十三年度」になされたことを示している。したがって、委嘱の手続きも、これに合わせてなされたのであろうか。

一九四九（昭和二四）年一一月刊行の『東京都管内公私社会事業施設一覧[21]』では、「養護」欄に東水園が登場し、住所が港区第一台場、園長名が杉浦英彦、運営団体は「戦災者救護会」となっている[12]。これは、昭和二四年度にはすでに東水園が養護施設として認可されていたことを示す明らかな証拠である。

また、この運営団体について、童話作家・来栖良夫の探訪記[10]では財団法人としているが、前掲の『東京都管内公私社会事業施設一覧』では、財団法人を示す「財」の表示がなく、空欄になっている。したがって、恩賜財団東京都同胞援護会のような公の御墨付きを得た組織ではなく、弱小の私的な団体であったことになる。

なお、一九四八（昭和二三）年九月二六日付け読売新聞の「東水園脱走の浮浪児　十名は溺死か　〝島流し〟の収容問題化」と題する記事では、同年八月二五日に東京都から「戦災者救護会」に「委託」が行われ、「約一千坪の第一台場全部があてられ」たとなっている。東京都からの「委託」日を同年八月二五日としていることに注視したい。

4　途絶えることのない報道人・文化人の訪問

東水園は、一時的な「閉鎖」を経て民間団体に委嘱された後、それまでと比べるとやや減少してはいたものの、報道人や文化人の訪問は途絶えることがなかった。近藤都紀雄が戦災者救援会によって運営されている東水園を訪問したのは、一九四八（昭和二三）年五月の頃と思われる。

近藤は、切手の専門誌に掲載した「東水園の子供達」[15]のなかで、「こどもの日」を祝って郵政省が発行した記念切手を持参し、職員と「収容児童」に見せたが、切手発行の事実を誰も知らなかったことにがっかりし、「慈善切手」にして「子供達の幸福を計ってやらなかった（略）郵政省の理解の無さ」を嘆いている。

近藤は、「浮浪児収容所東水園」の施設運営について、以下のように要約している。

児童約七〇名を六班の編成にし、「ガリ版刷りの新聞づくり」の文化部、衛生体育部、「農耕」が主要な役割の生活部の三部制を敷き、「総べて少年達の手に依って管理されている」こと、上野の婦人会の慰問があること、児童のごく一部であるが「引率外出」の機会があること、「収容所の悩みは娯楽設備と職業補導設備のない」こと、児童の綴った作文を掲載した新聞を一読したこと、児童の「欲しい」ものが「釣竿」であること、職員のひとりが、「どんな子供でも真に悪い人間など居りません。教育の仕方でどうにでもなるのです。私達は子供と根競べをするつもりでやっています」と応えたこと、などである。

近藤の一文を読むと、戦災者救援会の職員に創意工夫と意欲が感じられ、施設運営と処遇に展望が開かれたかのように思われる。しかし、この後、東水園はそうした職員の創意工夫と意欲を木っ端微塵に打ち砕くような事態に襲われ、悪化の一途をたどるのである。

《写真８》東水園全景

一九四八（昭和二三）年一〇月の『アサヒグラフ』[16]に掲載された「島流しの子供たち」と題する記事と九葉の写真は、「収容児童」の表情を含め、生活実態を鮮明に映し出しており、貴重な資料である。

朝日新聞記者（無記名）が東水園を探訪したのは、一九四八（昭和二三）年九月のアイオン台風に襲われた直後である。記者は記事のなかで「八月二十五日」を強調している。この日を強調しているのは、これ以前にすでに曲がりなりにも戦災者救援会によって運営が開始されていたが、第五台場から第一台場に移転後、都立民営方式によって、児童福祉法に基づく民間養護施設として正式に再開された日ということなのか。

記者は、「お台場は周囲が高い土堤で中央が丸い凹地、そこに東水園がポツンと建っている」と綴っている。建物は台場のど真ん中のくぼ地に、渡り廊下でつながっていると思われる二棟が設置されている。建物の周囲ははっきりしないが、雑草が生い茂るだけの荒涼とした印象である。畑らしきものがわずかに見えるが、運動場はない（**写真８**）。

建物の窓は破損が目立つ。窓枠には硝子が入っておらず、「紙貼り窓」である。記者によると、九月一六日に関東地方を襲ったアイオン台風で「全部破れた」という。移転して事業が再開された直後に台風に見舞われ、「破れた」ままというのである。海風を防ぐことはできず、「収容児童」は吹きさらしのなかに置かれたままなのである。キャプションには「子供たちは（略）日当りのいい所をとりっこする。病的に寝小便をする子も二、三人あるが、自分でふとんを日向に干すようになった」とある（**写真9**）。

事業を再開した施設は、この度のアイオン台風に続き、翌年の九月一日にもキティ台風に見舞われ、二年続けて被災する。このことは、建物自体の修理以前の問題として、何よりも東京湾に浮かぶ台場に立地する施設の不適格さを示すものであったと思われる。

施設設備については、前記した通りで、記者は「水道も無ければ電燈もない。勿論ラジオなどの娯楽設備は一つも無い」と綴っている。「水は雨水を使い」、調理に使う水や飲み水は、対岸から渡し船で運搬しなければならない。施設が第五台場にあったときは、東京水上警察の署員が運搬作業を一手に引き受けていたが、

《写真９》日向ぼっこをする園児

第一台場では、戦災者救援会深川寮の職員の応援を得て、隅田川を使って運搬していたのであろうか。
記者によると、職員は六人配置されているが、「食糧その他の経営で時間をとられ充分な指導もできない」とある。建物の周囲に広大な土地があるので、畑にして野菜を作ることも可能だが、警察署の直営から民間委託に切り変わってからは、第五台場で取り組んでいたとされている野菜作りには手がつけられない状況になっていたことがうかがえる。

記者は「浮浪児収容所『東水園』」としているが、なぜ、このような表記なのか。東水園はすでに児童福祉法に基づく養護施設として東京都が認可していたはずである。しかも、記者が記しているように、「東京都の管轄で私立深川寮が経営を委託されている」都立民営方式の養護施設なのである。しかし、記者の目には児童福祉法も養護施設も関係なく、関心の的はあくまでも「浮浪児収容所」であった。養護施設とは到底認められず、「島流しの子供たち」の「収容所」なのである。記者が施設の立地条件や施設設備に厳しい目を向けていたことが分かる。続けて記者は、「五十名」の「収容児童」の特色として、「周りが海で、脱走に困難なので他の収容所では手を焼いた逃走十回というのが多く送られてくる」と綴っている。それゆえに、「島流しの子供たち」と表現したのである。

5 「収容児童」の生活実態

施設の「収容児童」は、「八月二十五日以来、或いは泳ぎ、或いは舟を盗んで十八名以上逃走、十六名が再び舞い戻って現在五十名」であるという。多数の丸坊主の男児に混じって、写真のなかに数人のおかっぱ頭の女児が写っている。筆者は拙稿[62]をまとめた段階では、蒐集した新聞報道の写真や東京都民生局の統計資

《写真10》教科書で学習する園児

料などから、男児のみの施設とばかり思い込んでいた。ところが、少数ながら女児が収容されていたのである。女児は、花柄模様の入ったブラウスを着用し、粗末な男児の服装とはいささか違いを見せている。どのような事情の女児が収容されていたのか（**写真10**）。記者の目は女児には向かなかったようで、まったく触れてはいない。

朝日新聞記者・小林文男は『問題児』[27]のなかで、開設して半年後に第五台場の東水園を訪問し、「最悪児のラク印をおされた」男女合わせて二九名の「収容児童」がいて、そのなかに「脱走」二八回の一三歳「梅毒」に罹った少女がいたと綴っている。

「収容児童」は靴を履いておらず、裸足で、服装は最低限のものを身に付けている程度である。なかには裸の児童もいる。記者によると「衣服も支給されないので、朝夕冷えまさる気候となっても、子供たちは破れシャツ、ふんどし一つ」というのである。靴がなく、衣服を身に付けないまま、屋内外を駆け回っているのだろう（**写真11**）。

《写真11》寄贈された本を読む園児

予算がないために、支給できないということなのか。それとも、逃走防止のために支給していないということなのか。おそらく、その前者の方が主な理由であろう。認可施設になったとはいえ、当時、養護施設に対する都の補助金はその大部分が「収容児童」の食費に回り、実際に施設に下りてくるのは二～三か月後であったといわれていたのである。

したがって、こうした惨たんたる実態は東水園に限ったことではなく、『養護施設三十年』[37]に綴られているように、当時の養護施設ではごく平均的なことだったのである。しかし、その程度は東水園にあって、格段に悪く、委託後は明らかに悪化していたのである。

続けて記者は、児童の日課に及び、「日課らしい日課もないままに子供たちは終日ぶらぶらして、逃走の計画を話し合い、喧嘩をし、日暮れと共に寝る」だけで、「ただ、上野へ、地下道へと憧れ、逃げることばかりを考えている」と綴っている。読本に限りがあり、遊具がほとんど用意されていない施設であることを浮き彫りにしている。対岸までは最短で「五百メートル」で、「子供たちは逃走のために潮の干満まで研究している。外来者にはすぐ親しみ、帰る時そっと『連れてってよ』という」とも綴っている。

記者は、児童の家族関係について特筆すべき事実を綴っている。「戦災孤児」ばかりではなく、「三分の一以上は両親又は親類のある子供だが、通信しても親元からは返事がこないか、或いは稀に職員宛に、よろしくたのむと言ってくる程度」というのである。このことは、「戦災孤児」の他に、終戦後の混乱のなかで何らかの事情で家出して、上野界隈を徘徊し、「浮浪児」となって収容されていたことを示すものであろう。戦争孤児ではないこうした児童も、戦争の犠牲者であることに変わりはない。

九葉の写真のなかで筆者がさらに注視するのは、児童が一堂に会して取っている食事の光景である（**写真12**）。食糧品はすべて「対岸までとりにゆかねばならない」という。おかずは見当たらず、箸とどんぶりだけである。雑炊なのであろう。食後の白湯を配っているのであろうか、後方には薬缶を手にした児童が写っている。

記者によると、「都の援助費一日四十五円を殆ど食費に廻すので量は豊富」とある。職員の説明をそのまま記事にしているのであろうが、「量は豊富」は事実を語っているのかどうか。児童の表情は一様に物足りなさを訴えているように見える。

写真11の板の間に敷かれた竹を細く割って編んだと思われる茣蓙《ござ》は、めくれ上がってぼろぼろの状態である。東京水上警察署の直轄であったときから使い古されたままなのであろうか。児童はこの上で毛布に包《くる》まって雑魚寝をしているのであろう。このような居住条件下で、しかも暖房がないなかで、どうやって厳寒

《写真12》食事中の園児

の冬季をしのぐことができるのか。

記者が施設を訪れたこの当時、東水園にはいまだ学校教育は整備されてはいなかった。記者が学校教育についての問題意識を欠いていたのか、そのことについてはまったく触れていない。**写真10**のキャプションには、「幾度かの申請の後やっと数冊の教科書がきた。その配分に忽ち大喧嘩となり、授業など続けられぬ。その程度の学課さえ三回に一回ほど」とある。施設側が港区の教育委員会に働きかけたのであろうか、やっと「数冊の教科書」が届いたが、その「配分」をめぐり、取り合いになり、授業どころではないというのである。

写真には施設の指導員と思われる男性が見える。一週間のうち、ほんの一、二日、教材・教具がまったくそろっていないなかで、指導員が学校教員に代わって学習指導をやっていたということなのか。この貴重な写真とキャプションから、分かったことがある。

ひとつは、児童に旺盛な学習意欲があったことである。写真の児童の表情からは、そうした意欲が読み取れるのである。もうひとつは、教室らしき空間が写っていないことである。この一年後に開校する施設内分校（港区立高輪台小学校分校）が、この建物のなかでどのように運営されていたのか。東水園に施設内分校の形で学校教育が導入されるのは、記者が訪れた翌年の七月である。学校教育が導入された後の教室の確保の問題や授業形態の問題は、謎のままである。おそらく、本校教員がボートに乗ってやってきて、建物内の部屋や廊下などを使って分散学習に取り組んだということなのであろうか。

『アサヒグラフ』の記者が探訪した翌月と思われるが、一九四八（昭和二三）年一〇月二三日付け朝日新聞は「シラミのいない着物だよ」のタイトルで、「収容所東水園」の「浮浪児たち」を取り上げている。上野の少年補導婦人会の「おばさんたち」が同月八日にお菓子やオモチャを持って慰問したが、「そのとき子供たちがあまりに見すぼらしいのを悲しんで」、セーターや服、下着などの必需品など三五〇点を持って再訪したというのである。なお、「喜ぶ子供達」のキャプションの付いた写真には、婦人警察官の姿が見える。委託後も東京水上警察署が、施設の運営に側面から協力していたことを示すものであろう。

6　港区役所職員の慰問

一九四八（昭和二三）年一一月二七日には「港区役所職員演劇部」が第一台場の東水園を訪問し「慰安演芸」が行われたことを、同年一二月一〇日付け「港区政ニュース」第二七号が報じている（写真13）。「東水園慰問行」と題する一文は、児童福祉法に基づく民間養護施設として認可されて間もない当時の施設と「収容児童」の実態を、次のように伝えている。

《写真13》港区役所職員演劇部の慰問（『港区教育史』所収）

「内部は、なんの装飾もない板張りの殺風景な室が並んでいる」なかで、「八歳から十九歳までの子供達五十三名」が「収容されて、更生の日常を送って」おり、「水野園長以下七名の職員が園児と居を共にして指導に当たっている」

「この島には、電灯も、水道もな」く、演芸の行われた集会室は、「四十畳位の畳数、硝子一枚はまっていない窓、吹きこむ風は、いささか寒い」が、「建物も民生課の努力によって、着々と改良され、近く窓硝子も全部はいるという。そうなったら、子供達の喜びも大きい。空地の一隅には野球ネットが張られ、土堤の枯草の中には、野草や野放しの兎が遊んでいて、慰安の少い、この島での、子供達の良き遊び相手となっている。」

この記事中の「民生課の努力」云々の一文は注

視すべき内容である。港区芝支所民生課が施設の設備整備について、全面的に援助していたことを示すものである。委嘱後にあっても港区が関わりを持っていたのは、いかなる事情によるのか。東京都からの受託の条件として、戦災者救援会深川寮が東京都に施設設備の整備を要請していたのか。

施設設備の劣悪さは、どう解すべきなのか。一一月の下旬に、一枚のガラス窓もない部屋があり、電灯も水道もない、というのである。この時期にあっても、依然として施設整備が不十分であり、むしろ悪化しているようにも思える。アイオン台風の直撃を受けた後、破損した施設の修理がなされていないことは明白である。深川寮の寮長・水野精巳が園長を兼務していたことも目につく。

もうひとつ注視すべきは、「此処で学校の勉強ができる話は子供達を心から喜ばせたらしい」の一文である。このことは、間もなく「此処で」学校教育が実施される予定であることを示すものである。この問題については再度取り上げたい。

八歳から一九歳までの五三人の児童が「更生の日常を送っている」とする一文も気になるところである。「更生の日常」は、児童福祉法の理念にそぐわず、当時の養護施設にあっても適切な表現ではない。この日の演劇部員の慰問に、民生課長と民生課職員が同行していたことからすると、なおさらその感が強い。「更生の日常」の言葉を用いたのは、港区民生課が東水園の児童を「特質浮浪児」と捉え、治安対策的な観点に立っていたからであろう。

7　童話作家による探訪記事

港区役所職員の組織する演劇部が東水園を訪問したのと同じ頃、施設の実態把握を目的に、東京水上警察署員の案内で第一台場の東水園を訪問した童話作家・栗栖良夫の探訪記事「海上の浮浪児――『東水園』をみる」[10]が教育雑誌に掲載されている。これには、同行した新進の画家で、後に絵本作家になるいわさきちひろ（記事では「I画家さん」）による、「ちひろ」の署名入りの三枚のスケッチが掲載されている。

栗栖は冒頭から、「東京湾をおよぎ切って上野の山ににげかえった」八名のなかの五歳の幼児について、朝日新聞が「丸太にしがみついて（略）ようやく岸辺にうちあげられていのちびろいをした」と報じた一九四八（昭和二三）年九月一六日付け朝日新聞記事「青鉛筆」を取り上げ、記事の真偽のほどを確かめ、施設の実態把握のために探訪を思い立ったことを明らかにしている。

海岸から「五六百メートルもあろうか、そこに一にぎりほどの第一台場」がある。その桟橋に舟を乗りつけると、「ちいさい俊寛僧都たちの、ぼろぼろのシャツ、汚れたかお、からだ、ハダシ、のびたかみ……」に「わっととりま」かれた。同行した岩崎ちひろは、「こんなところに子どもたちがいるなんて、かわいそうだわ」とつぶやいた。そのような岩崎の気持ちを、「女性の感傷などというだけではわりきれないだろう」と綴る。

栗栖は第一印象を、「地下道の子どもたちがただここにいるということと場所の不適格さを痛感するだけであった」といい、「へだてられたということは、園児たちの身についた放浪性にいっそうの拍車をかけるだろう」と綴っている。以下、要約して紹介しよう。

「四角なフタのない箱」のような「一むねの収容所」の「まわりをかこむ土手、そのねもとに口をあけた防空壕のあともいたいたしい。たてもののまわりの空地には、まだ収穫されないさつまいもの葉がいっぱいにしげっている。土手の中腹にヤギが一匹、玄関につないである小犬がかみつくようにほえたてる

（略）。事務室、タタミのはいった子どもたちの部屋、食堂、便所、炊事場、（略）その隣に風呂おけがある。（略）電燈がないから夜はねるばかり。水不足のために入浴は週一回も骨である。（略）清水がなく、食糧といっしょに東品川からはこんでいる。しんぐは、ふとん一、毛布三枚が一人当り。（略）食事は一日収容児一人当り四百二十グラムの配給を受けているが、現在約六百グラムほどを支給している。被服の配給もうけるというが、（略）配給品らしいものを身につけている子どもは一人もいなかった。」

東京水上警察署の付設であった頃と比較すると、衣食住に関わる処遇事情の悪化は明白である。警察署員による物心両面にわたる懸命な保護活動が、施設処遇をある程度まで維持できていたものが、受託後はそれがかなわず、アイオン台風による被害もあって、劣悪な状況に追い込まれたということなのか。

園長の話によると、東京都は東水園のために第一期予算として「四十萬円」を計上したのに、「実質的にはその支出はまだ行われていない」という。事業を「はじめたばかり」で、「今のところ月五萬から六萬は必要」であるが、「同志であり先輩でもある人が、引揚者浮浪者救さい事業として『深川寮』」を経営し、「そこで都の仕事などをうけあって土建をし（略）その収益からまわしてくれてい」るが、「現在困難でないことは一つもない」という。東京都から受託したものの、補助金の支給が遅れており、経営母体の戦災者救援会から回ってくる援助で何とかやり繰りしていると、内情を明かしているのである。

来栖は、在園児童三四名について、主として上野警察署少年課の保護による「浮浪児」と中央児童相談所一時保護所から引き取った児童としている。しかし、東水園は児童福祉法による養護施設であり、「上野警察署少年課に保護された『浮浪児』も中央児童相談所一時保護所から引き取った児童」も、児童福祉法による東京都の措置児童である。その違いは、上野警察署少年課の保護児童が一時保護所を経由せずに東水園に直送されたことだけである。東水園を「東京都民生局委託少年保護事業」と紹介している来栖は、東水園が児童福祉法に基づく養護施設になっていることを、どこまで理解していたのだろうか。

直接処遇職員は、当年二四歳の「独身の青年園長」と「引揚者」で深川寮に収容され、雇われた「炊事夫婦」の他に、深川寮から一、二名が「手つだいにきているだけで、年長の収容児を助手がわりに使っている」という。「開設以来の脱出児は十一名であり帰ってきたものもある」という。「日課表」の説明を受けたが、来栖の目には「一片の机上試案にしかすぎぬ状態であろう」と見える。

栗栖と岩崎は食堂で「収容児童」と「話しあいをすることになった」。児童からは、「こんなところいやだなあ」「映画がみられないからいやだ」「いじめられていやだ」「まちへ行きたい」「家に帰りたいなあ」（「もちろん『家』などないのだ」）と「ぶっつけて」きて、「ノガミ（上野）」に帰りたい気持ちなのだと結論付ける。学校への心情を問うと、半数が「もういきたくない」と答え、半数が「もう一度学校へいきたい」と答えたと綴る。

以上が栗栖による探訪記事の概略であるが、注視すべきことがいくつかある。

ひとつは園長を「Tさん」としていることである。東水園の施設名を明らかにし、また、施設長の堂々たる学歴や経歴を、固有名詞を出して詳しく紹介しながら、「浮浪者再教育を畢生のお仕事」として立ち上がった施設長の名前を、なぜ「Tさん」としたのか。「Tさん」とは誰なのか。「同志であり先輩でもある人」が水野精巳であるとすれば、水野が見込んだ部下であろうか。栗栖らが訪問した当時は、なぜか園長名が短期間に替わっていたようで、そうした不安定な職員体制が影響を与えていたのであろうか。

もうひとつは、施設の「開設」日を「八月二十五日」とし、「まあたらしいしごと」としていることである。このような表現からすれば、明らかに栗栖らが訪問した一九四八（昭和二三）年の八月二五日を指すものと思われ、東京都民生局から管理・運営を全面的に委嘱された後、児童福祉法による養護施設として正式に認可された日付と考えてよかろう。

さらにもうひとつは、「四十七年の九月には、いちおう閉鎖されたものときいていたが、再び財団法人『東水園』として発足した」という一文である。このことについてはすでに触れた通りである。これが事実であれば、前掲の一九九六（平成八）年一一月一二日付け読売新聞の記事、二〇〇〇（平成一二）年三月三日付け東京新聞の記事、さらに目黒若葉寮の『五〇年誌』に登場する元「収容児童」の、仲間とともに全員で「目黒にあった裕福な福祉施設」に移ったとする証言と時期が符合するのである。

劣悪な職員体制も問題にしなければならない。前記した、港区役所の演劇部員一行が訪問したときとほとんど時期を同じくしているのに、この変わり様はどうしたことなのか。前記した「水野園長以下七名の職員[40]」はどこに行ってしまったのか。寮長・園長の兼務は断念したのか。職員の確保に一定の猶予期間が認められていたとはいえ、児童福祉施設最低基準を満たしていない実態を、委嘱した東京都民生局はどこまで把握していたのか。東京水上警察署員がローテーションを組んで「収容児童」の生活の面倒を見ていたときの方が、警察署員による施設処遇のあり方は別にして、安定した職員体制であったことは明白である。

8　「脱走」による児童の溺死事件

栗栖良夫らが探訪した直前の一九四八（昭和二三）年九月二六日付け読売新聞は、「東水園脱走の浮浪児十名は溺死か　〝島流し〟の収容問題化」と題する衝撃的な記事を、「東水園から芝浦を望む収容児たち」のキャプション入りの写真を付けて掲載している。

要約して紹介しよう。

「都の委託経営となった」東水園は、三七人の児童を収容していたが、同月一二日に三人が「流木をブイ代りに抱いて脱走」したのを皮切りに、一八日までに計一八人が「逃走」した。そのため一四日に上野一帯で「狩込みを行い」、六人を発見して「護送」したのをはじめ、一九日までに八人を連れ戻した。しかし、残る一〇人が行方不明であり、その内の一人と思われる児童が溺死体で漂着した。残りの九人も溺死したのではないかと見られている。東水園側では「事件を極秘にしており脱走の事実も否定して」いる。「芝浦との距離は約八百メートル、岸壁までの海面は（略）二、三メートルの水深なので簡単に泳ぎつけるものと思い、上野へのノスタルジアにかられ夜陰に乗じて脱走したもの」である。

一〇人の児童の溺死が事実かどうか定かではないが、少なくとも一人が溺死したことは事実なのであろう。それだけでも衝撃的な事件と言わなければならない。したがって、小見出しにあるように、「〝島流し〟の収容問題化」が、都民をはじめ、東京都民生局、港区民生課、東京水上警察署などで高まったであろうと思われる。なお、「一六歳」の「園長・岡本定武」は、記者の問い合わせに「何も知らない」と語っている。

東京都児童相談センターは一九八九（平成元）年三月、児童相談所長や所員、児童福祉司を中心に児童相談所の『四〇年史』の編纂を企画し、それに合わせて「東京都児童相談所の草創期をふりかえって」（未定稿）の座談会[47]を実施している。そのなかで、当時を知る所員から、東水園で発生した何らかの事故を臭わせるようなことが語られ、民生局の元職員が「お元気ですか」という冊子（？）のなかで「とうすい」について詳しく綴っているというのである。この「とうすい」は、東水園を指しているものと思われる。したがって、少なくとも民生局所管の児童相談所内部では、委嘱後の東水園の劣悪な立地条件や処遇問題などが語り伝えられていたことがうかがえるのである。

それにしても、腑に落ちないのは、この新聞記事には、児童福祉法も、それに基づいて設置された児童相談所も、担当地区を指定されて民生局児童課児童係に配属された児童福祉司も、児童福祉法に基づく養護施設であることも、登場しないことである。東京都が措置した、実名と年齢が綴られた「収容児童」に関わる事件・事故であるならば、当然、民生局児童課をはじめ、児童相談所や児童福祉司の関わりが生じてくる。「浮浪児収容所」の表現は、新聞記者がそうした法制度について理解していなかったことを示すものであろう。この当時にあっても、依然として「台場の格子のある強制収容所」程度の理解だったのか。

9　開園式

東水園は盛大に開園式を挙行する。港区の二つの『教育史』は、なぜか一九四九（昭和二四）年三月一六日[48]と同年三月二五日[46]の両方を東水園の開園式としている。同年三月二五日付け「港区政ニュース」第三二号では三月一六日となっており、この記述からすると、三月一六日が開園式の挙行された日であったと思われる。また、同ニュースには、「延期されていた開園式が行われる運びとなった」とあり、「事実上の開園」は一九四八（昭和二三）年八月二五日であったとも記している。

一九四八（昭和二三）年八月二五日の「事実上の開園」は、前記した通りである。「事実上の開園」はできたものの、東水園の開園式が「延期されていた」理由は、東京都から施設の管理・運営を受託したものの、施設の修理が不充分であったことの他に、短期間に園長が交替したり、直接処遇職員を確保できないことで職員体制が整わず、さらに、「収容児童」が頻繁に「逃亡」を企て、死亡事故が発生するなど、処遇が軌道に乗っていないかったことによるのではないか。

それにしても、年度末という行政にとってきわめて繁忙な時期になぜ、敢えて挙行したのか。公式に何としてもやり終えなければならない行事であったのかどうか。何らかの事情で、これ以上先延ばしができなかったということなのか。これより九か月後になされる唐突な施設閉鎖の事態からすると、何とも不可解な開園式であったと思われる。

一九四九（昭和二四）年三月一六日午後二時三〇分から挙行された開園式の様子は、「港区政ニュース」第三二号が「どら響く島……東水園の開園式挙行さる‼」と題して報じている。式には民生局長・磯村英一（後に東京都立大学教授、都市社会学者）をはじめ、民生局児童課長、都議会厚生委員長、港区民生部長、東京水上警察署長らが列席している。施設の運営団体は戦災者救援会深川寮である。

運営団体代表の水野精巳は、事業報告で、「開園以来の収容児童は今日まで三四六名で、延人員にして実に八、九六一名」に及び、「そのうち逃亡した児童は八九名であるが殆ど全部が再びここに収容されている」と述べている。「開園以来の収容児童」数を「三四六名」としていることは、前記したように、初代園長の水上警察署長・高乗釋得が後に、徳島新聞記者のインタビューに応え、「（在任中に）約百五十名の孤児の面倒をみた[66]」と語っていることと符合する。

次いで、東京都民生局児童課長から施設の開設に至る経過報告があり、さらに児童と起居をともにしている杉浦・岡本の二人の「指導者」から、「園児の日常生活と今後の経営教育方針」について説明がなされた。施設の開設以後、施設の管理運営が戦災者救援会に委嘱されるまで、主導的な位置にあった水上警察署長ではなく、施設の管理運営に関しては前面に登場していなかったはずの民生局児童課長が、施設の開設に至る経過報告を行い、東京水上警察署長が祝辞を述べただけで終わっているのは腑に落ちない。

また、初代園長の元東京水上警察署長・高乗釋得が招かれていないのも不可解なことである。この当時、高乗は警視庁経済第一課長の任に就いたばかりである[32]。進駐軍東京補給本廠の了解と協力を取り付け、民生局と交渉し、曲がりなりにも施設の管理運営と処遇を軌道に乗せた高乗の業績には多大なものがあり、しかも、施設の初代園長というものが、いろいろな意味で、後々に至るまで重きが置かれることは、民生局も承知していたはずである。そのような重要な人物を招かなかったのは、なぜなのか。

さらに、この開園式に民生局長が直々に出席していることを、どう解すべきか。東水園の管理・運営を受託した戦災者救援会深川寮に敬意の姿勢を示したものだったのか。それとも、施設の役割の重要性に鑑み、東京都が向後も管理・運営を側面から支援することを意思表示したものだったのか。都立民営方式による施設運営であることから、この両方を意図した対応だったと思われる。

なお、港区が刊行した『新修港区史』と『港区史　下巻』は、東京都から委嘱された後、東水園の名称が「戦災者救護会児童施設東京園となった」[38・33]としている。『区史』にこのことが綴られているということは、創設以来、施設にこびり付いていた警察の色彩を薄めるべく、〝東水〟の付いた名称の変更が検討されていた可能性がある。しかし、東京都の行政資料では、そのような変更の事実は確認できない。

10　学校教育の導入

戦災者救援会深川寮に委嘱された後、東水園の「収容児童」には学校教育が用意され、施設内に分校が設置されている。このことを、港区教育委員会の二つの『教育史』が明らかにしている。授業が開始された時期について、逸見勝亮が詳細な調査を行っている。逸見によると、東水園は一九四九（昭和二四）年四月以降、施設のあった第一台場に「最も近接していた」港区立高輪台小学校と「かかわりをもつにいたり」、同年七月二五日に「分校となった」という。[59] 逸見は、同年四月から一〇月にかけ、東水園の職員が高輪台小学校を訪問し、高輪台小学校長が六度も東水園に出向いている事実を突き止めている。

しかし、分校の設置準備は、もっと早い時期から進められていたのではないか。そのことを推測させる資料がある。一九四八（昭和二三）年一一月二七日に「港区役所職員演劇部」が施設を訪問したことを報じた、前掲の同年一二月一〇日付け「港区政ニュース」第二七号である。そのなかに、「此処で学校の勉強ができる話は子供達を心から喜ばせたらしい」の一文がある。これは上層部で学校教育開始の準備が進展し、ほぼ確定していたことを物語るものではないか。また、この慰問に民生課長の他に、「園児達の学習について心配」している港区の「視学」らが同行していたことも、そのことをうかがわせるものである。

劣悪な条件下にあって、東水園が学校教育の体制整備に着手した背景には、施行されたばかりの児童福祉法第四八条（当時）が、やや曖昧ながらも養護施設児童の就学保障を規定していたことの他に、都民からの施設処遇批判をかわす意味合いがあったのではないか。すなわち劣悪な施設の実態を改善する一環として、戦災者救援会深川寮と民生局、港区の協議を経て、学校教育の導入が図られたということである。「収容児童」の就学を養護施設長に義務付けるようになったのは、一九五一（昭和二六）年六月の児童福祉法第五次改正によってである。したがって、東水園における学校教育の導入は、その内実はともかくも、前向きな対応として高く評価できよう。港区の積極的な受け入れ態勢があったからこその導入であったと思われる。

第三章で取り上げる、同じ「特質浮浪児」の養護施設であった八丈島の武蔵寮では、施設の閉鎖に至るまで学校教育が導入されなかった事実と比べると、両者の置かれた事情や立地条件の違いが大きく作用したように思われる。武蔵寮は島民の目にさらされていただけで、島の外部ではまったく話題になっていなかったのに対し、東水園は都民からの施設批判が多く寄せられ、新聞や雑誌が盛んに施設の実態を取り上げていたからである。

ちなみに、筆者が、戦争孤児の収容保護施設として東京都が千葉県内に設置した安房臨海学園（現、東京都船形学園）、保田児童学園（現、東京都勝山学園）、八街学園（現、東京都八街学園）について調べたところ、安房は、開設直後から園内分校室方式を採り、一九五一（昭和二六）年四月から地元の小中学校への通学を実現させている。保田は、手作りの教科書を作って保母・指導員による学習指導を行った後、一九四六（昭和二一）年一二月一日に園内に分校を設置して教員による授業を開始、その後、しばらくして地元の本校への通学を実現させている。八街は、園内での「しつけ準備教育」に取り組んだ後に、一九四七（昭和二二）年度から地元の学校に順次、通学を開始させている[42・44・49]。

東水園において学校教育の導入に関わって注視すべきは、施設内分校の方式を採用したことである。養護施設の「収容児童」の学校教育は、前記した、東京都が千葉県に設置した直営施設の例でも明らかなように、施設所在地の学区内への通学が、当時にあっても通常の形態であったと思われる。東水園がそうした通常形態を採らず、教員を派遣する施設内分校方式を採用したのは、「収容児童」の徒歩通学が困難であったからであろう。この他に、「収容児童」と一般児童の分断を図るねらいがあった可能性もある。

第一台場に分校が設置されて間もないと思われる頃、東水園を探訪した野村静夫が、「東水園の子供たち」[19]と題するルポルタージュを、一九四九（昭和二四）年一〇月付け『児童』誌に発表している。ところが、野村のこの一文には、教員や学校の建物・教室・備品など、分校を想像させるものが何もない。むしろ、「木造二棟の木造バラック」に「電気もつかない、水もない」設備で、「二十畳ほどの寝室」に「畳が敷つめてあったが、破れ畳はムシロとまごうばかり」など、分校の存在を疑いたくなるものばかりが目に付く。

野村静夫に同行した明城道による四枚の挿絵がこのルポルタージュに挿入されているが、そのうちの一枚は、実に粗末な「二棟の木造バラック」の挿絵である。このとき、「八歳から十七歳までの少年が七十名」収容されていたことからすると、この「二棟の木造バラック」に、分校の教室が確保されていたとは考えられない。微かに分校の存在を匂わせるものは、事務室の「日課表」にある「学習」「学習（学年別グループ学習）」「生活指導（作業・体育）」くらいである。これはいったいどうしたことか。

11　唐突な施設閉鎖の決断とその理由

施設内に分校ができ、学校教育を受けられる体制が整った矢先に、東水園は唐突な形で閉鎖に追い込まれる。「東水園閉鎖さる」と題する一九五〇（昭和二五）年二月一〇日付け「港区政ニュース」第四五号は、「一時は七十名にも及ぶ浮浪児を収容していたが、種々の事情により施設閉鎖の止むなきにいたり、一月十一日収容児童を他の施設に分散収容し、事実上事業を休止した」と報じている。「種々の事情」とは何か。何が「事実上事業を休止」させたのか。このことについては、一、二の要因ではなく、東水園を取り巻く、まさに「種々の」要因が絡み合って、東京都が「休止」（「閉鎖」）の最終決断をしたように思われる。

すでに施設の管理・運営から撤退していた東京水上警察署の『九〇年史』は、一九四九（昭和二四）年九月一日に遭遇したキティ台風で「舎屋が倒壊した」ことを「閉鎖」の理由として挙げている。しかし、「倒壊した」とする記述は誇張ではないかと思われる。一九四九（昭和二四）年一二月二三日付け朝日新聞は、いるのである。

「〝別れるのはイヤだ〟」の大見出しと「東水園解散を嘆く孤児たち」の小見出しを付け、次のように報じている。

「品川沖第一台場の孤児寮東水園を予算がないという理由で都では一月初旬限り解散することに決定したが、孤児たちは『やっと落着いたお台場は今はボクらの天国だ、兄弟よりも仲良しのボクたちが、ちりぢりになるのはイヤだ』と反対している。

都が解散を決めた理由は、去る九月一日のキティ台風で東水園の屋根がふっ飛び、ガラスも壊れて修理費に三十万円かかるが、予算がないので修理ができない。空いている都内の児童収容施設に分類収容しようというわけ。

佐藤寮長談『子どもたちはお台場より生活できるところなら何処へでも行くといっている、ただ仲の良い子供を引離して、ふたたび浮浪児にさせたくない』

都島岡児童課長談『予算がないことも事実だが、お台場では衛生設備がないから移すのだ、分散収容するのは、受入れる収容所側の子供とケンカする恐れがあるからだ』」

見出しが「収容児童」の本心とは思えない、何ともこそばゆい文面であるが、明らかなことは、施設が「倒壊した」のではなく、設備の一部が破損したことである。それゆえに、「収容児童」は応急措置を施した施設内に真冬の「一月十一日」まで留め置かれていたのである。「倒壊した」のであれば、即刻「収容児童」の転園が必要になっていたはずである。

また、新聞記事では、施設の「解散」の理由を財源不足としているが、所管の民生局児童課長の談話が真相の一部を突いている。「予算がないことも事実だが、お台場では衛生設備がないから移すのだ」というのである。このことは、児童福祉施設最低基準に抵触する事項の存在を児童課長が承知していたことを示す。児童の衣食住の根幹に関わる衛生設備の欠陥と水道・電気設備のないことは、養護施設の存立にとってのみならず、「収容児童」の生存そのものにとっても致命的な問題である。

前掲のルポルタージュで野村静夫は、いまだ職業指導に取り組めていない事情について、指導員が「いろいろな理由でのびのびになっています」と答えた後を受け、「いろいろな理由」として、「財政の問題や職種の選択や指導員の招致など幾多の困難な問題がある」[19]と綴っている。要するに、戦争孤児を「島流し」する施設として機能しても、児童福祉法が謳っている生活保障による「健全育成」を目指す施設には到底なり得なかったということである。

東京都が「閉鎖」(「解散」)を決断したのには、もうひとつの理由があったと思われる。東水園の管理・運営を東京都から受託した戦災者救援会深川寮が、諸般の事情から運営を維持することが困難になっていたということではないか。このことは、短期間に施設長や指導員がしばしば交替していることに端的に示されている。前掲の朝日新聞の記事でも、施設長が佐藤名に替わっている。これで何人目の施設長になるのか。戦災者救援会深川寮の側から受託解除の申し出があったのか。あるいは東水園の管理・運営を任せた東京都が、受託に持ち堪えられない団体であると判断したのか。東京都の行政資料によると[22・24]、東水園の「閉鎖」に合わせたのか、同時期に戦災者救援会深川寮も施設の一覧から除かれている。母体が「解散」したということなのであろうか。

もうひとつの「閉鎖」の理由は、東京都民生局による養護施設の整備が曲がりなりにも進展していたことである。前掲の行政資料によると、養護施設数は、昭和二四年度、都立八、民間四三、昭和二五年度、都立一〇、民間五七、昭和二六年度、都立一三、民間六六、昭和二七年度、都立一三、民間六七となっており、漸増している。それゆえ、東水園の「閉鎖」は、民生局にとって痛手ではあったが、何とか他の新規施設で代替できる目処が立ったのではないか。

東京都が東水園の「解散」を決断したのには、さらにもうひとつの理由があったように思われる。『台場――内海御台場の構造と築造[52]』によると、戦後復興の見通しがついた一九四七（昭和二二）年、東京都は「東京港修築計画を策定」したことにより、第六台場と第三台場を残し、それ以外の台場は「解体撤去される」ことになり、「撤去作業は（略）昭和二四年から三六年にかけて断続的に」行われたというのである。

この事実を踏まえるならば、台風による「倒壊」の時点で、施設の取り壊しと、それに連動した施設からの「収容児童」の移転話がすでに持ち上がっていたはずである。「予算がない」という理由の背景には、第一台場の取り壊しが確定しているのであれば、施設の応急修理に「三十万円」かけるよりも「閉鎖」の方が得策であると判断したのではないか。

12　「分散収容」をめぐって

前掲の新聞記事の児童課長の談話で、さらに注視すべきことは、「収容児童」を都内の空いている養護施設に分散させる措置をとる予定であるとし、「分散収容するのは、受入れる収容所側の子供とケンカする恐れがあるからだ」と語っていることである。施設が何らかの要因で非常事態に陥り、「収容児童」全体の転居（児童福祉法による措置変更）が必要になった場合には、受け入れ施設での「ケンカ」云々の理由はさておき、まずは分散措置を採るのが妥当と思われる。したがって、この部分の談話は間違ってはいない。

問題は、どこの施設に分散させるかである。児童課長が語っているように、単に「都内の空いている養護施設」ならどこでも良いというわけではなかったはずである。一九四九（昭和二四）年一二月二七日付け東京都民生局長が各児童相談所長に通知した「児童福祉法第二十七条の措置権限委任について」に規定されているように、要保護児童の施設措置に当たっては「公の施設優先入所の原則を忘れてはならない[18]」のである。したがって、まずは石神井学園や八街学園、萩山学園などの直営施設への分散を図り、それが困難な場合には、空きのある民間施設に変更するのが順当なやり方であったであろう。

このことについて、東京水上警察署の二つの『年史』は、「都民生局若葉寮に児童全員が移された」としているが、史実と異なる記述である。当時、民生局が所管する養護施設・若葉寮は民間立で、愛隣会が目黒区内で管理・運営していた。しかも、若葉寮は、前掲の「解散」の新聞記事が掲載される二〇日前の一九四九（昭和二四）年一二月三日深夜、火災が発生し、「収容児童」と職員が焼死する大事故を発生させているのである。

同年一二月四日付け朝日新聞は、火災が発生したことにより建物が全焼し、「就寝中の収容児二十九名と職員は逃げ場を失い」、四人の児童と一人の女性職員が焼死したと報じ、死亡した四人の児童の実名と写真を掲載している。したがって、このような事態に陥っている若葉寮には、東水園の児童を、創業一年後に続き再度、受け入れる余地は皆無であったと思われる。前掲の目黒若葉寮の『五〇年誌』には、多数の死者を出した火災の事実を記述してはいるが、東水園の児童を再度受け入れたことを示す記述はない。

いずれにしても、東水園は、こうして開設してわずか三年の歴史を重ねて消え去ったが、東京都による施設認可解除の正確な月日は定かではない。前掲の朝日新聞は、東京都民生局が「一月初旬限り解散」を決定したと報じている。逸見勝亮は、港区立高輪台小学校の資料によって、東水園の廃止日を一九五〇（昭和二五）年一月一五日と断定しているが[59]、東京都の行政資料による確認が必要である。

同年一月一一日付け読売新聞は、「浮浪児収容施設の東水園が閉鎖へ」のタイトルで、写真付きの記事を掲載している。この記事によると、施設生活最後の日となった同月一〇日、「三二人の園児は先生の給仕でウドンをごちそうになり、夜は合唱会を楽しんだ」とし、「一一日限りで閉園となった」となっている。この記事が事実であるならば、一月一一日に三二人の児童は複数の施設に「分散収容」されたことになる。

なお、一九五一（昭和二六）年七月に刊行された『児童憲章を活かす道』[25]の「関係施設一覧」の「養護施設」欄には、「職員数十名以上を有する施設のみを挙げる」として、「戦災者救護会東水園」を掲載している。これによると施設の住所は「港区第一台場（品川区東品川三ノ六九、山田菊次気付）となっている。

この当時にあっても、施設は「解散」された後もなお「廃止」になっておらず、「休止」の扱いになっていたということであろうか。東品川の気付の住所は、連絡先を表示しているのであろうか。代表者の山田菊次なる人物も気になるところである。

13　閉鎖直前の逸話

最後に、東水園が「閉鎖」される直前にあった逸話を明らかにしておきたい。毎日フォトバンクに保存されている二葉の写真は、「閉鎖」直前の東水園に関わる貴重な史実を提供してくれている。
写真14は、東水園の「閉鎖」が決定された一九四九（昭和二四）年一二月のクリスマスの前後の頃に撮影されたもので、タイトルは「クリスマスプレゼント　恵まれぬ孤児たちに愛の手を　米のサンタおばさんたちが舟いっぱいプレゼント」、キャプションには、「昼は孤児たちをクリスマスパーティに招待、夜は海から

《写真14》GHQ 関係者によるクリスマスプレゼント（毎日新聞社提供）

アメリカのサンタおばさんが舟いっぱいプレゼントを積んで来た＝品川区のお台場東水園」とある。「収容児童」は衣服を身に付け、帽子を被っているが、裸足である。「収容児童」に一斉に万歳をさせている場所は第一台場の原っぱである。

台場を訪れる者は報道人と文化人に限られていたのではなく、進駐軍の関係者も含まれていたのである。「アメリカのサンタおばさん」は進駐軍関係の婦人たちなのであろう。昼のクリスマスパーティはどこに招待されたのか。台場の対岸に位置した芝浦駐屯地（東京補給本廠）周辺の建物か。

これは占領政策の一環として行われたと思われるが、慰問した進駐軍関係の婦人たちには、「収容児童」が離れ小島に「島流し」にされ、不適切な養育環境下での生活を余儀なくされていることに何の疑念も抱かなかったのであろうか。

《写真15》戦災孤児・お台場の収容所で風呂に入る（毎日新聞社提供）

もう一葉の**写真15**は、タイトルは「戦災孤児・お台場の収容所で風呂に入る」で、キャプションには「風呂に入り体を洗ってもらう」とある。当時、第一台場の寮舎内には小さな風呂おけが設置され、週一回は海水や雨水で入浴ができていたとされている。したがって、この「お台場の収容所」が東水園であることは間違いなかろう。写真には、四名の婦人に身体を洗ってもらっている「収容児童」の姿が写っているが、婦人たちは戦災者救援会深川寮の職員ではない。警視庁の婦人警察官か、奉仕活動にやってきた地元の住民か。

撮影されたのが一九四九（昭和二四）年一二月であることから、あるいは、前記したクリスマスパーティの招待などの行事の当日か前日の光景であろうか。それにしても、このような風呂場のシーンが報道写真になるということは、報道機関が東水園の「収容児童」の入浴に、ニュースとして高い価値を置いていたことを示すものであろう。

第三節　解明すべき課題

以上、東水園の終戦後における開設から閉鎖に至る過程をたどり、施設設置の背景と処遇実態の解明を試みたが、不十分さは否めない。引き続き一次資料をはじめ、それらを補強する資料の発掘により、以下の六点について解明しなければならないと思われる。

1　民生局と警視庁の果たした役割

第一に、東京都民生局と警視庁の果たした役割である。東水園は本来、東京都民生局が所管すべき直営施設であったにも関わらず、なぜ、東京水上警察署に管理・運営を任せっぱなしにしたのか。また、それが可能だったのか。その実態からは、都立ならぬ警視庁立施設の印象が拭えない。いかに署長の高乗釋得が人道に熱いやり手の人物であったとはいえ、署長の想いだけでは説明がつかない。民生局と警視庁の間でのやり取りが見えない。

民生局が後方に回り、東京水上警察署が前面に登場したのは、治安対策の位置付けで、警察対応を最優先したからであろう。すなわち、創設時、児童保護はあくまでも表向きで、実質は戦争孤児や「浮浪児」を収容する「留置場」の位置付けであり、それゆえに、警察署員が直接処遇に当たったということなのであろう。

このように解すれば、民生局が前面に登場せず、警視庁に任せた理由もうなずける。

都議会第一回臨時会に提出された昭和二三年度の「諸報告」の「浮浪児の収容保護事業について」の項目では、「浮浪児」の保護収容の延べ数の増加が、「常習逃亡者の逃亡回数の延数を意味する」と分析し、「常習逃亡児を防止する方法」の徹底に重点を置くべきことを強調している[13]。したがって、終戦後二年が経過したこの時期にあっても、東京都民生局は警視庁の協力を得ることを前提に、児童保護施設からの児童の「逃亡」防止にやっきになっていたことが分かる。

2　進駐軍は何を見ていたのか

さらに、東京都の民生行政の動向を監視する立場にあり、とりわけ児童保護施設の処遇内容に目を光らせていた進駐軍関東地区民事部民生課が、東水園の実態を、なぜ問題にしなかったのか。あるいは、実態を把握しながら、なぜ黙認できたのか。むしろ、物心両面から施設をサポートしているのである。

筆者が高乗釋得の子息から聞き取った話をはじめ、台場の現地を訪問した報道人や文化人の綴った一文からも、進駐軍の幹部と思われる面々が東京水上警察署長らに案内されて台場の施設を訪れていることが明らかになっている。また、彼らの婦人たちが慰問に訪れているのである。現場の悲惨な実態を目の当たりにして、高い人権の見識を有していたとされる彼らが何とも思わなかったはずがない。そうした姿勢に、強力な占領政策を推し進める進駐軍のご都合主義が見える。台場に設置された東水園は、進駐軍にとって利用価値が高く、必要不可欠の施設だったのである。

筆者が進駐軍の姿勢にこのような疑念を抱くのには、確かな理由がある。このことを、田中壽の「占領期、浜松『葵寮』事件――戦災浮浪児の監禁・人権侵害問題に対する日米の対応をめぐって[50]」と、一九四八（昭和二三）年四月八日付け朝日新聞の「浮浪児へ二つの在り方」と題する記事によって明らかにしよう。

田中壽のいう「葵寮」事件とは、東水園よりやや遅れて創設された静岡県の養護施設・葵寮における不適切な処遇が進駐軍の槍玉にあがり、早々に閉鎖・解散させられた上に、施設長が監禁の罪（？）で有罪判決を受けたてん末のことである。

静岡県が浜松市内の元海軍兵舎を利用して財団法人・戦争孤児収容施設「葵寮」を開設したのは、一九四七（昭和二二）年六月一日のことである。施設長には県立三方原学園（当時、少年教護院、現、児童自立支援施設）長の山内一郎が兼務の形で就任した。また、副施設長には浜松脳病院長の藤井綏彦が就任した。三方原学園には、前年八月から実施された県下一斉収容により、すでに二〇数名の「浮浪児」が収容されていた。葵寮には、「浮浪児絶滅を目的に」、山内と藤井の発案による「監禁、軟禁、開放」の三段構えの指導方法が導入され、鉄格子の「特別監禁室」は、「浮浪児」の逃走防止に大きな実績を挙げ、山内は、県下に「浮浪児」が一人もいなくなったと自慢するほどになった。

ところが、児童福祉法による養護施設として正式に認可されたのに合わせ、一九四八（昭和二三）年一月から三月にかけ、静岡軍政部が数回にわたって施設を視察し、「収容児童」がきわめて不適切な養育環境下に置かれていることを把握した。軍政部は即座に警告の上、「常時監禁」の実態を上部機関に報告した。また、同年三月一七日、現地を視察した参議院厚生委員会の議員たちも、「監禁」を「人権ジュウリンだ」として問題視したため、厚生省児童局が同月二五日、処遇方法に絶対の自信を持つ施設長を呼び、改善策を協議したが、説得できなかったため、施設、国会、厚生省、静岡県を巻き込んで大問題になった。

一九四八（昭和二三）年三月二七日、軍政部は葵寮に対し閉鎖・解散を命令した。合わせて施設長の山内一郎は、進駐軍の軍事審判で重労働二〇年の刑を宣告された。山内は後の講話条約の締結後、その取扱が検察庁に移管され、一週間の取調べの後に不起訴処分になった。

これが葵寮事件のてん末である。『輝く奉仕者　近代社会事業功労者伝』の復刻版[54]の「山内一郎」の項によると、「常時監禁」の問題は、「国会答弁の準備中に知事が監禁室の鍵を外して問題は落着し」たという。当時、知事であった小林武治が、頑強に「監禁」を主張する山内一郎を押し切り、自らの手で解錠した、ということであろうか。

それにしても、不可解なのは、静岡と東京の軍政部で、人権感覚になぜ、これほどの違いがあるのか。「人権蹂躙」として葵寮を槍玉にあげ、解散を命じ、施設長を罰しているにも関わらず、同じ不適切な養育環境にあった東水園と第三章で取り上げる武蔵寮が問題視されなかったのは、なぜなのか。これほどの対応上の違いは、なぜ生じたのか。

3　港区の関わり

第二に、東京都民生局の姿勢とは大きく様相を異にする、港区の関わりの内実も解明しなければならない問題である。港区が直営での施設運営を引き受けようとしていたことがうかがえる上に、東京都による港区への第一台場の建物の「貸与」がなされたとされているからである。

これらの問題をさらに解明するためには、当時の都区制度を踏まえる必要がある。すなわち、他の地方公共団体に例のない、自治体ではなく、あくまでも東京都の「内部団体」の位置付けであったため、東京都と特別区である港区の間の財政を含め、民生行政の役割分担がどのような仕組みになっていたのかということである。

具体的には、東水園の管理・運営に側面から関わっていた港区芝支所民生課は管理職も含め、その大部分が東京都の職員であった。また、港区議会が構成されていても、港区は独立した地方自治の仕組みができ上がっていたわけではなく、一定の部分、東京都の地方自治に組み込まれていたのである。こうした実態を踏まえた上で、民生行政について、東京都民生局と港区の関わりをさらに解明しなければならない。東京都民生局は、港区芝支所民生課を通して自らの責務を果たすという関係だったのであろうか。

4 養護施設としての認可問題

第三に、東京都民生局による児童福祉法に基づく養護施設としての認可問題である。東京都が委嘱したことにより、東水園は民間施設の位置付けに変更された。したがって、建前上、施行されたばかりの児童福祉施設最低基準（現、児童福祉施設の設備及び運営に関する基準）に拘束されることになったはずである。劣悪な実態がなぜ、黙殺されたのか。あるいは、黙認されたのか。一部の都民からは〝島流し〟や〝隔離〟との非難が寄せられ、新聞・雑誌では断続的に功罪相半ばする報道が行なわれていたのである。

このような、話題の尽きない施設を、しかも、わずか三年後に自ら「閉鎖」するような施設を、東京都が認可できた背景には、第一の問題にも絡むことであるが、施行されたばかりの児童福祉法施行規則と児童福祉最低基準に抜け道があったからである。

東水園が認可されたのと同じ時期に、施設の認可をめぐって東京都とやり取りをしていた財団法人マハヤナ学園（現、児童養護施設・マハヤナ学園撫子園）の『六十五年史』[41]では、一九四八（昭和二三）年八月二八日付けで、東京都知事・安井誠一郎に宛て、児童福祉法施行規則第三七条（当時）に基づき「児童福祉施設認可申請書」を提出している。これには、設立の趣意、名称、施設の所在地、事務所、代表者名、施設の種類、対象児童の選別、定員、現員、職員構成、建物其の他設備の規模構造及図面、運営の方法、収支予算、事業開始の年月、などを綴った書類が添付されている。

ところが、申請してわずか四日後の同年九月一日、東京都知事・安井誠一郎名で「児童福祉法による児童福祉施設認可指令」が出ているのである。このことは、東京都民生局が施設認可をいかに急いでいたかを示すものであろう。施設の置かれた実情を踏まえ、認可は迅速かつ柔軟にできたということである。また、施設が条件整備を行うことに関しては、猶予期間が与えられていたのである。

このことを物語るように、前掲の「認可指令」には、「本都の委託した収容児童が減少したとき」「其の他児童福祉施設としての適格性を具備しないような事態に立ち到ったとき」には「本認可を取消すことがある」と、注視すべき但し書きが添えられている。しかし、これは表向きの役所文書であって、東京都が強い姿勢で認可を取り消すような事態は、よほどのことがない限りなかったのである。したがって、東水園は「児童福祉施設としての適格性」を欠く施設と判断され、「取消」されたのである。

この問題を解明するためには、法令に基づいた認可の手続きが当時、具体的にどのようになされていたのかを調査することが必要と思われる。また、これに厚生省児童局がどのように関わり、いかなる指導・助言を行っていたのかも解明する必要があるだろう。

5 児童相談所と児童福祉司はどう動いていたのか

第四に、東水園は児童福祉法に基づく養護施設として認可されてから、閉鎖に至る一年ほどの間に、筆者が確認したところでは、児童相談所と保護所が一、二度、作家の探訪記事に登場する以外、児童福祉司がまったく登場しないのは、なぜなのか。東水園は、民間の認可施設になってからも、新聞記者による新聞報道をはじめ、作家や文化人がしきりに慰問し、探訪記事を新聞や雑誌に掲載しているにも関わらず、民生局児童課に配置され、担当地区が決まっていた児童福祉司はまったく姿を見せない。探訪の案内役は決まって東京水上警察署の警察官であり、この体制は民間団体に委譲された後も変わらない。

当時、活躍していた第一期及び第二期採用の児童福祉司たちの回想録にも、「浮浪児」や「狩り込み」の話は出てきても、東水園に関わる逸話は見当たらない。実に不可解なことである。当時、児童相談所や保護所と密接に関係のあった児童福祉司は、台場にはまったく足を運んでいなかったのであろうか。

6 施設処遇の実態

第五に、施設処遇の実態解明の問題である。東京水上警察署による二つの『年史』が、当時の処遇内容を明らかにしてはいるが、それらを裏付ける資料が見出せていない。前記したように、東京水上警察署による施設処遇に対して、収容されていた当事者が否定的な証言をしており、また、委嘱後の施設処遇に対しても、探訪した童話作家・来栖良夫が、日課はあってなきに等しい、と述べ、同じく探訪した野村静夫も、何もさせてないと断定し、警察署の頃の処遇よりも一段と悪化している実態を語っているのである。

受託後、とりわけ二度にわたる台風の直撃を受けてからの施設の実態は、処遇の域に達するだけの物的・人的環境とは言い難く、最低限の衣食住に関わる日課をこなすことに終始するだけだったと思われる。いったい何のための委嘱だったのか。

東京水上警察署による直営時と戦災者救援会に委嘱された以降とで、施設処遇のどこにどのような変化があったのか、そのことが「収容児童」にいかなる影響を及ぼしたのか。これらについても、当時の資料に基づいて詳細に調べる必要があるように思われる。

7　委嘱先の戦災者救援会深川寮の実態

第六に、東京都から東水園の管理・運営を委嘱された戦災者救援会深川寮の実態が明確になっていないことである。受託後、施設長や指導員が短期間に交替していることも判明しており、その背景も解明しなければならないが、何よりも東水園の閉鎖と時期をほぼ同じくして、母体の戦災者救援会深川寮が東京都の行政資料から消えた経緯も追跡されなければならない。東水園を運営する母体が「解散」したということなのか。そこには、いかなる事情があったのか。これに関連する行政資料などを蒐集する必要がある。

なお、戦災者救援会深川寮の代表者であった水野精巳が、今日の社会福祉法人・木下財団の原型を築いた人物であるらしいことが判明した。木下財団の沿革に、「戦争末期から戦後にかけて、東京・深川地区で戦争疎開者、戦災者、引揚者、戦災孤児や生活困窮者の援護、治療に当った故水野精巳氏が主宰した新生会と新生会診療所が当法人の始まり」とある。この水野精巳が戦災者救援会深川寮を組織した人物であることは間違いない。

8　閉鎖＝廃止をどう評価すべきか

最後に、東京都が最終的に決断した施設の閉鎖＝廃止をどのように捉え、いかに評価すべきかという問題である。台場に「島流し」にされた「収容児童」の立場からすれば、閉鎖＝廃止は「隔離」されなくなったわけで、その点では東京都の決断を評価すべきなのである。しかし、それだけで片付けて良いものか。東京湾に浮かぶ離れ小島に戦争孤児らを「隔離」し、劣悪な環境下に置いてきた東京都の責任はどうなのか。闇に葬られ、真相は分からないが、溺死した児童が少なからずいたとされているのである。東水園の三年に及ぶ歴史は、東京都の戦争孤児を対象とした児童保護史のなかで、史実としてしっかり位置付けられなければならない。そして、至極当然のことであるが、二度と同じ過ちを繰り返してはならないのである。

〈引用・参考文献〉

1　東京都民生局保護課保護係「浮浪児収容所設置の件」一九四六年一〇月三日
2　横山隆一「〝弧児の天国〟お台場漫訪」『週刊朝日』一九四六年一一月一七日
3　濱田紅児「東水園訪問記」『青空』一九四六年一二月三〇日
4　小笠原宗美「海にうかぶ浮浪児天国――東京湾のお台場『東水園』を訪ねて」『婦人倶楽部』一九四七年四月号
5　東京都民生局『民生局年報　昭和二十一年度』一九四七年
6　東京都港区議会事務局編「昭和二十二年　東京都港区議会議事速記録」第八号『昭和二十二年　自五月　至十

7　二月東京都港区議会議事速記録』港区議会、一九四七年
　東京都港区議会事務局編「昭和二十二年　東京都港区議会議事速記録」第四号『昭和二十二年　自五月　至十二月東京都港区議会議事速記録』港区議会、一九四七年
8　小金澤克誠「小島の少年たち　品川のお台場でほがらかな毎日」『こども朝日』朝日新聞社、一九四七年一月一五日
9　高見順「東水園の子供達」『自警』財団法人自警会、一九四七年八月
10　栗栖良夫「海上の浮浪児――『東水園』をみる」日本教職員組合編『新しい教育と文化』第二巻第一一号、教育新報社、一九四八年一一月
11　東京都民生局『民生局年報　昭和二十二年版』一九四八年
12　東京都民生局総務課『東京都管内公私社会事業施設一覧』一九四八年
13　『昭和二三年　東京都議会会議録（一）第一回臨時会　第一回定例会』都議会図書館、一九四八年
14　「東京都警視庁公報」第二七六号、一九四八年二月三日
15　近藤都紀雄「東水園の子供達」『世界の切手』第二巻第六号、一九四八年九月
16　「島流しの子供たち」『アサヒグラフ』第五〇巻第一七号、朝日新聞社、一九四八年一〇月
17　津軽信雄「東水園の少年少女――浮浪児たちの性生活」『りべらる』大虚堂書房、一九四九年一二月号
18　東京都民生局長通知「児童福祉法第二十七条の措置権限委任について」一九四九年一二月二七日
19　野村静夫「東水園の子供たち」『児童』日本児童文化協会、一九四九年一〇月
20　東京都民生局『民生局年報　昭和二十四年版』一九四九年
21　東京都民生局総務課『東京都管内公私社会事業施設一覧』一九四九年
22　東京都民生局『民生局年報　昭和二十五年版』一九五〇年
23　川嶋三郎『児童福祉法の解説』中央社会福祉協議会、一九五一年
24　東京都民生局『民生局年報　昭和二六年版』一九五一年
25　児童憲章研究会編著『児童憲章を活かす道』法政大学出版局、一九五一年

26　東京都養育院『養育院八十年史』一九五三年
27　小林文男『問題児』民生事業研究会、一九五三年
28　永井萌二「浮浪児と歌」日本教育音楽協会編『教育音楽』一九五三年八月号
29　朝日新聞警視庁記者団編『警視庁』朝日新聞社、一九五四年
30　永井萌二「地下道から十年」『文藝春秋』一九五五年四月号
31　毎日新聞社図書編集部『写真　昭和三〇年史』毎日新聞社、一九五五年
32　高乗釋得『妻子に与う「我が家の家訓」』私家版、一九五九年、高乗正臣氏所蔵
33　東京都港区役所『港区史　下巻』港区、一九六〇年
34　『民生局二十年の歩み』東京都民生局、一九六二年
35　東京水上警察署編『東京水上警察署のあゆみ――水上警察九〇年史』警視庁企画課、一九六七年
36　『八名川六十年のあゆみ』江東区立八名川小学校創立六〇周年を記念する会、一九七六年
37　「養護施設三十年」編集委員会『養護施設三十年』全社協養護施設協議会、一九七六年
38　東京都港区役所『新修港区史』一九七九年
39　東京水上警察署史編集委員会編『みなとと百年――東京水上警察署のあゆみ』警視庁東京水上警察署創立百周年五団体行事実行委員会、一九七九年
40　「港区政ニュース」港区役所企画部広報課編『「広報みなと」縮刷版』第一号、東京都港区、一九八〇年
41　社会福祉法人マハヤナ学園六十五年史編集委員会『社会福祉法人マハヤナ学園六十五年史　資料編』社会福祉法人マハヤナ学園、一九八四年
42　東京都船形学園『船形学園七五年のあゆみ』一九八四年
43　ドウス昌代『マッカーサーの二つの帽子』講談社文庫、一九八五年
44　東京都勝山学園『勝山学園四〇年のあゆみ』一九八六年
45　『開校七十周年記念誌』江東区立八名川小学校創立七〇周年を祝う会、一九八六年
46　港区教育委員会編『港区教育史　下巻――百二十年の教育のあゆみ』、一九八七年

47 座談会「東京都児童相談所の草創期をふりかえって」（未定稿）東京都児童相談センター、一九八九年三月二三日、東京都児童相談センター資料室所蔵

48 港区教育委員会編『港区教育史　資料編二』港区、一九九七年

49 東京都八街学園『八街学園五〇年のあゆみ』一九九七年

50 田中壽「占領期、浜松『葵寮』事件——戦災浮浪児の監禁・人権侵害問題に対する日米の対応をめぐって」『児童相談研究』第一七号、東洋大学、一九九八年三月

51 『創立五〇周年記念誌　わかば』社会福祉法人愛隣会目黒若葉寮、二〇〇〇年

52 東京都港区教育委員会編『台場——内海御台場の構造と築造』港区、二〇〇〇年

53 金田茉莉『東京大空襲と戦災孤児——隠蔽された真実を追って』影書房、二〇〇二年

54 『社会福祉人名資料事典』第三巻、日本図書センター、二〇〇三年

55 「昭和二十一年三月調　東京都内に於ける戦災浮浪者援護に関する調査報告」財団法人中央社会事業協会社会事業研究所『資料集　昭和期の都市労働者1　東京：日雇・浮浪者』第七巻　昭和二一年・昭和二二年、近現代資料刊行会、二〇〇六年一二月

56 「戦災浮浪者収容施設現況調査一覧　昭和二十一年四月末調査」財団法人中央社会事業協会社会事業研究所『資料集　昭和期の都市労働者1　東京：日雇・浮浪者』第七巻　昭和二一年・昭和二二年、近現代資料刊行会、二〇〇六年一二月

57 「昭和二十二年十二月　都の社会救済に関する調査報告書」財団法人東京市政調査会　東京都総務部調査課『資料集　昭和期の都市労働者1　東京：日雇・浮浪者』第七巻、昭和二一年・昭和二二年、近現代資料刊行会、二〇〇六年一二月

58 山田清一郎『俺たちは野良犬か——それでも生きた孤児たち』郁朋社、二〇〇六年

59 逸見勝亮「敗戦直後の日本における浮浪児・戦争孤児の歴史」『北海道大学大学院教育学研究院紀要』第一〇三号、二〇〇七年

60 「芝地区地域情報誌」第四号、港区芝地区総合支所、二〇〇七年五月二〇日

61　金田茉莉「浮浪児になった子の証言」インターネット検索、年月日不明
62　藤井常文「終戦後に東京都の『特質浮浪児』対策の拠点となった養護施設（2）――お台場に創設された東水園の歴史」『明星大学社会学研究紀要』第三三号、二〇一三年三月
63　石井光太『浮浪児１９４５――戦争が生んだ子供たち』新潮社、二〇一四年
64　『重ね地図シリーズ　東京　マッカーサーの時代編』光村推古書院、二〇一五年
65　星野光世『戦争と子どもたち』私家版、二〇一六年
66　徳島新聞、一九五六年八月七日付け夕刊記事

第三章　武蔵寮の歴史

第一節　武蔵寮の創設に関わった団体の歴史とその関係

1　資料の在り処を求めて

かつて八丈島の地に養護施設があったらしいことを、筆者が初めて知ったのは、東水園の歴史を調べている過程である。第一章でも指摘したように、『東京都立誠明学園三十年史稿――東京都における教護事業の歩み』[17]が取り上げている東京都児童福祉委員会の三つの「浮浪児根絶の方策」を答申したなかのひとつ、八丈島の「特質浮浪児の恒久施設」である。八丈島と「浮浪児」と「恒久施設」が結び付かなかった上に、施設名が思い浮ばなかったので、想像さえできなかった。

ところが、その後、第一章でも取り上げた「東京都児童相談所の草創期をふりかえって」（未定稿[49]）の座談会の最後に、「八丈の武蔵寮の火災」のことや「八丈の武蔵寮から子供がカヌーで内地にもどろうとして途中で溺死した」ことが語られていることから、八丈島に「武蔵寮」という名称の施設が実在したらしいことを知ったのである。

そこで、筆者は資料の在り処を求めて、まず八丈町教育相談室に「武蔵寮」について問い合わせたところ、「武田泰淳の小説のモデルになった感化院のことと思われる。昔、島内に施設があったという話は聞いているが、それ以上のことは分からない」との返答である。作家・武田泰淳の小説のモデルになった感化院など、筆者はまったく認識していないことである。相談室の職員は、地元新聞社が詳しく知っているのではないかと教えてくれた。

次いで、一九三一（昭和六）年創刊の八〇年以上の歴史を誇る地元新聞社である「南海タイムス社」に問い合わせたところ、施設の動向や少年たちの問題行動を綴った記事が掲載されている事実と当時の新聞の縮刷版[54・55]の存在を教えてくれた。さっそく取り寄せた『南海タイムス』の縮刷版は、施設への入所を余儀なくされた「少年」の動静と施設の実態について、一九四七（昭和二二）年二月から一九五二（昭和二七）年一一月に至るまで、少年の問題行動と施設のあり方を都や村の当局に問い質す内容を綴った記事を掲載していた。史実の一端を浮き彫りにする貴重な資料である。

この新聞記事によって、八丈島の施設が武蔵寮の名称であり、国立武蔵野学院をはじめ、財団法人の徳風会と武蔵野会が関わっていることを把握した。そこで次に、国立武蔵野学院の『五十年誌』[15]と社会福祉法人・武蔵野会の『三五年史』[19]に当たったが、武蔵寮に触れている記述はあったものの、抽象的かつ断片的な内容で、事実を解明する手掛かりにするには不十分な資料であることが分かった。また、この二つの文献には双方に食い違う個所があり、矛盾点や疑問点があることも判明した。

そこで、筆者は一次資料に当たるべく、国立武蔵野学院の図書・資料室と武蔵野児童学園に赴いた。武蔵野児童学園は、武蔵寮及び徳風寮を母体として成立した児童養護施設である。国立武蔵野学院には、施設の運営主体であった財団法人徳風会に関わる貴重な資料の一部が保存されていた。また、武蔵野児童学園には『三五年史』以外に保存資料はないということであった。

本章は、主に南海タイムスの記事、武蔵野学院の図書・資料室が保存する資料、八丈島警察署関係の資料、筆者の現地調査で蒐集した資料、さらに拙稿[52]を著わして以後に蒐集した『輝く奉仕者　近代社会事業功労者伝』の復刻版[51]などの文献によってまとめ直したものである。なお、本章では、引用した新聞記事などに合わせ、「児童」の他に「少年」「寮生」の表記を使った。

2　財団法人徳風会と武蔵野会をめぐる運営主体の関係

本論に入る前に、武蔵寮の運営主体をめぐる、財団法人徳風会と武蔵野会の関係を整理しておく必要がある。この三つに国立武蔵野学院を加えた四組織に、さらに財団法人徳風会東京出張所・独立社と徳風寮、八丈島の武蔵農園と委託農家が加わり、それらの関係が地理的に遠距離の立地条件にあることと、確かな時期が不明なまま、運営主体や名称がいつの間にか変動していることもあって、複雑に絡み合っているからである。その全容を歴史的な経過のなかで客観的に整理する作業は困難ではないかとさえ思われる。

国立武蔵野学院が刊行した『五十年誌』の第五章「後援機関」と資料五「記事概要」は、国立武蔵野学院の「後援機関」としての「財団法人徳風会」の設立の経緯と設立後の経過をはじめ、八丈島で起こした事業と設立した施設について触れている。

財団法人徳風会は、「学院の後援機関として活動して来た浴風会を母体」に、一九四一（昭和一六）年八月三〇日付けで「民法第三四条による公益法人」として認可された。母体の「浴風会」は「在院生と退院生の保護を目的として」設立されたもので、東京・板橋に東京出張所・独立社を置き、主に在院生や退院生を対象とした職業補導に力を入れていたが、戦時体制に突入し、担当職員が次々に召集されたことで事業を閉鎖せざるを得なくなった。ところが、終戦後、「戦災孤児、浮浪児の教護に手をさしのべる必要」が生じたので事業を再開したということである。『五十年誌』は、板橋区志村本蓮沼町三一六番地にあった東京出張所・独立社のその後を、次のように綴っている。

「昭和二一年には、東京都八丈島に農園七〇ヘクタールを借り受け、教護院在院生及び退院生、その他軽度の不良児、浮浪児、不良化の虞れがある精神薄弱児等二〇〇名を収容し、自給自足を原則としながら、永続的に教護する事業に着手し、ヒマの栽培、バター、チーズの製造をするに至った。しかし乍ら不慮の風害等のため当初の計画通りに進捗せず、これも昭和二五年閉鎖せざるを得なくなった。その後、独立社については、養護施設武蔵野会が法人化するにあたり、これを譲渡し」た。

さらに『五十年誌』の「記事概要」には、一九四六（昭和二一）年一〇月一八日、「浮浪児五名入院」、一九四七（昭和二二）年二月二〇日、「東京都より徳風会（後援機関）五〇万円助成」、一九五二（昭和二七）年一一月六日、「徳風会八丈島武蔵寮火災」の記載がある。

次に、社会福祉法人武蔵野会の『三五年史』の第一章「武蔵野会前史」、第二章「草創期」、「社会福祉法人　武蔵野会の沿革（年表）」によって、その沿革を見てみよう。

一九三四（昭和九）年一二月、「財団法人徳風会東京支部（板橋区蓮根）を開設　保田義男氏主事に就任国立武蔵野学院退院生の事後補導及び一般児童相談を行う」。

一九四六（昭和二一）年、「都内各所に氾濫する戦災孤児、浮浪児の現状に鑑みて、その救済と保護のために施設の必要を痛感する。（略）大自然の豊かな環境の下で食料の自給体制を整え、教護児童の更生を促進するため」に、八丈島に同年四月「武蔵農園」、一九四七（昭和二二）年）一〇月「武蔵寮」、一九四九（昭和二四）年二月「南海寮」、六月「富士寮」を開設。

一九四八（昭和二三）年一月一日、児童福祉法により「救護施設から養護施設徳風寮に転換」。

一九五〇（昭和二五）年四月、「宮内庁長官より金壱封を下賜せらる」。
一九五一（昭和二六）年一月、「徳風会を武蔵野会と改称し、保田義男氏が理事長に就任」。
一九五二（昭和二七）年、「放火癖のある児童の放火により武蔵寮を焼失」。
一九五三（昭和二八）年、「八丈島における全施設を閉鎖し、本来の養護施設事業を継続」。

これら二つの年誌（史）による沿革史を突き合わせると、いくつもの疑問点が浮上する。また、紛らわしい記述の他に、史実に相違すると思われる記述も散見される。

第一に、国立武蔵野学院の『五十年誌』では東京出張所・独立社、武蔵野会の『三五年史』では東京支部と表記されていることである。同じ組織を指しているにも関わらず、異なる名称になっているのは、東京支部は財団法人徳風会東京出張所・独立社が設置・運営する施設の認可を受けるために東京都に届け出た名称と思われる。それを物語るように、『東京都管内公私社会事業施設一覧』[5・7]では施設名が「徳風会東京支部」、国立武蔵野学院の[43・36・37・39・38・41]資料では事業所名の「東京出張所」となっているのである。

なお、保田義男自身が、刊行される前にその内容を確認したと思われる『輝く奉仕者　近代社会事業功労者伝』[51]の「保田義男」の項には、一九三四（昭和九）年一二月に財団法人徳風会の「支部」を置いたことと、保田が当初から「主事」として迎えられていたことについては触れているものの、「東京出張所」と「独立社」の表記は登場しない。

第二に、武蔵野会の『三五年史』にある一九三四（昭和九）年一二月の「財団法人徳風会東京支部（板橋区蓮根）を開設」は、あくまでも国立武蔵野学院の「後援機関」として設立されたものであって、武蔵野会の設立とは直接的には関わりがないというべきである。「東京支部」の表記も間違っているのではないか。後記するように、財団法人徳風会東京出張所・独立社が設置・運営することになる武蔵寮と徳風寮で主要な役割を果たしていた保田義男が、後に二つの寮を引き継ぐべく、並行して別に武蔵野会を組織したのである。したがって、武蔵野会設立の遠因になったに過ぎない。

第三に、施設の名称である。武蔵野会の『三五年史』では徳風寮と武蔵寮の二つの名称を使い分けているのに対して、国立武蔵野学院の『五十年誌』では武蔵寮だけで、徳風寮の名称は登場しない。ところが、「昭和二三年版」から「昭和二五年版」の東京都の『民生局年報』[4・6・8]での施設名は「徳風会東京支部」で、「昭和二六年版」[10]で「武蔵野会」に変更されている。これは、東京都民生局に届け出た認可名とは別に、徳風会東京出張所・独立社内だけで、さらには徳風会東京出張所・独立社から分離独立した武蔵野会内だけで、板橋の施設を徳風寮、八丈島の施設を武蔵寮と称していたものと思われる。これを物語るように、一九六一（昭和三六）年九月一日、東京都認可養護施設理事長・保田義男名で、財団法人徳風会理事長・青木延春に宛てた「児童福祉施設『建物』有償譲渡の御願いに就て」[34]と題する文書に添付された施設の平面図が「武蔵野会徳風寮」となっている。

第四に、同じく武蔵野会の『三五年史』にある、一九五一（昭和二六）年一月の「徳風会を武蔵野会と改称」したとする記述である。これははなはだ誤解を生じる記述である。改称ではなく、以後も埼玉県岩槻市郊外に移転させて存続する徳風会から分離独立して武蔵野会を組織し、武蔵野会が徳風会の事業である武蔵寮と徳風寮を引き継いだということではないか。この辺りの経緯についても、前掲の『輝く奉仕者　近代社会事業功労者伝』は、「既に児童福祉法による養護施設としての認可も受け、二十六年四月武蔵野会と改称して保田氏が理事長になった」としている。「改称」は事実に相違する表現であり、実態は分離独立なのである。

第五に、国立武蔵野学院の『五十年誌』が一九五二（昭和二七）年一一月六日、「徳風会八丈島武蔵寮火

災」としていることである。これは誤記である。このときには武蔵寮の運営主体はすでに徳風会の手を離れ、武蔵野会に移譲されていた。それゆえ、武蔵野会の『三五年史』が、月日を明示してはいないものの、自らの組織内で起こった問題として、同年に「放火癖のある児童の放火により武蔵寮を焼失」したとしているのである。国立武蔵野学院がすでに自らの運営責任を果たし終えていたはずの施設で発生した不祥事をわざわざ記載しているのは、それだけ施設の歴史的経過に、はなはだ分かりにくい部分があったからである。

第六に、武蔵寮と徳風寮の運営について、財団法人徳風会東京出張所・独立社から武蔵野会に委譲された時期がはっきりしないことである。これは武蔵野会の『三五年史』が一九五一（昭和二六）年一月としているのに対し、国立武蔵野学院の『五十年誌』が明示していないことによる。また、これに関する一次資料も見出せていない。前掲の保田の「功労者伝」でも「改称」を一九五一（昭和二六）年四月としてはいるが、委譲の時期は定かではない。

第七に、武蔵野会が『三五年史』で明らかにしている、一九四九（昭和二四）年二月の「南海寮」、同年六月の「富士寮」の開設について、国立武蔵野学院の図書・資料室の徳風会関連の資料のなかに見出せないことである。これは創業当初から壮大な「コロニーの建設」[27]が構想され、施設や委託農家が数か所に分散配置されていたことから、徳風会本部とは距離を置きながら、独断で動いていたふしのある保田義男によって順次確保できた委託農家や新たに完成した施設に付けられた名称ではなかったかと思われる。それを物語るように、一九五二（昭和二七）年一一月六日に放火によって武蔵寮が全焼したとき、寮児が「富士りょう」に避難したことを地元新聞が報じている。

第八に、武蔵野会の『三五年史』にある、一九五三（昭和二八）年の「本来の養護施設事業を継続」の記述である。「本来の養護施設事業」とは何か。閉鎖した八丈島の武蔵寮も、以後も運営が継続される板橋の徳風寮も、当時はともに児童福祉法における「本来の養護施設事業」ではなかったか。事業を引き継いだ武蔵野会に、武蔵寮は「本来」の事業ではないとする意識があったのか。あるいは、前掲の保田の「功労者伝」にある「矯正保護を要する児童も収容されていた」ということを指しているのか。

第九に、武蔵寮については、児童福祉法による養護施設としての認可年月日がはっきりしないことである。武蔵野会の『三五年史』では、徳風寮については一九四八（昭和二三）年一月一日、児童福祉法により「救護施設から養護施設」に「転換」されたと明記しているのに、武蔵寮については触れていないのである。これはどうしたことなのか。

以上のことを踏まえた上で、武蔵寮の設立から廃止までの歴史をたどることにしよう。

第二節　武蔵農園の創業から武蔵寮の創設

1　八丈島農場計画と当初における実績

国立武蔵野学院の「後援機関」である財団法人徳風会の「事業計画要項」に八丈島の事業についての記述が登場するのは、「昭和二十一年度」[36]である。「事業計画要項」の「八丈島開拓並に入退院生職業輔導施設経営に関する件」には、「本院後援者の援助により在院生及退院生を八丈島に渡島せしめ製糖業、甘藷栽培其他各種農産物の生産に従事せしむる」とある。「本院後援者」とは、後記するように、保田義男、廣江精一らである。

計画を踏まえ、財団法人徳風会は理事長・青木延春（国立武蔵野学院長）名で一九四六（昭和二一）年八月、東京都長官・安井誠一郎宛て「申請書」[22]を提出する。八丈島に「不良児等の恒久的保護施設を施設中」に付き「応分」の「補助」を申請する文書で、「趣意書」[22]の他に「八丈島農場計画要項」[23]と「八丈島略図」[24]などが添付されている。「趣意書」には、注視すべき以下の事実が綴られている。

① 保護施設は「教護院在院生及退院生其他戦災孤児、浮浪児等」を対象に「保護並に職業指導」を目的とするものである。

②「篤農家であり、且つ少年教護に深き理解のある廣江（精一）氏を中心」とする。

③「大賀郷」に七〇町歩の土地を借り受け、「本年四月」より「農園を建設中」で、すでに約二〇町歩の開墾を終え、「着々施設の拡充整備に努めつつ」ある。

さらに添付されている「八丈島農場計画要項」には、「収容予定人員」を「二〇〇名」とし、「新設に要する経費」の備考欄に、土地買収費として青ヶ島の二〇町歩を加えている。なお、「八丈島略図」には開墾に着手している五か所に■の表示を入れている。

この略図とは別に、作成年月日不明のA3版の「八丈島一般図[44]」があり、「武蔵農園」として大賀郷村の六か所に△、八丈島無線通信所に●、三根《みつね》村に■が表示されている。三根村の■は、最終的に武蔵寮の設置場所になった土地と思われる。

また、この頃に作成された、提出先の定かではない徳風会の事業計画書[43]には、事業開始の予定日の項に「昭和二十一年四月より既に開始す」とあり、八丈島農場の場所を「大賀郷村字金土川」、建設予定の建物を「事務所並に生徒寮舎」一棟（一五〇坪）と「生徒寮舎」三棟（一五〇坪）、作業場（九〇坪）、牧舎（五〇坪）としている。

一九五〇（昭和二五）年四月当時、『八丈支庁管内概況[9]』によると、武蔵農園と武蔵寮が所在した大賀郷村と三根村の人口（世帯）は四、〇三二人（一、〇〇三世帯）、四、三二七（九九八）、島全体では一二、八〇〇（二、九一七）、島と東京を結ぶ船は月六回の就航であった。

前掲「趣意書[22]」にある「戦災孤児、浮浪児等」を対象とした「恒久的保護施設」を、彼らの「前途に光明を与え得る」べく、首都から二八七キロメートルも離れた八丈島に創業したのには、終戦直後の時代状況を背景としたいくつかの要因があった。このことについて、「八丈島武蔵農場と徳風会との関係[27]」と題する、国立武蔵野学院が作成し、厚生省に提出したと思われる文書が触れている。

第一に、「已に八丈島、小島等へは東京都の浮浪児が多数送致せられ、土地の農家へ委託せられて」いたことである。そうした実績を踏まえ、「東京都の賛同を得」ることが可能と判断したのである。事実、東京都からの助成金を基に、生徒用寮舎のために「三根村元軍使用の約七十坪の建物を買収」し、「目下改装中」としている。

第二に、「偶々十数年本院の退院生補導に当たっていた保田義男、廣江精一、両氏が私費を投じて、八丈島に農場を建設し」たいとの申し出があったので、「徳風会の事業の一つとすることに決し」たというのである。

後記するように、廣江精一は武蔵農園の創業に、保田義男は財団法人徳風会東京出張所の事業にこれまで尽力し、徳風寮のみならず、武蔵農園から武蔵寮に継続する運営に関わる重要な人物である。財団法人徳風会は役員として「理事長に国立武蔵野学院長があたり、理事、評議員及び監事若干名[15]」が置かれることになっており、この定款によって、すでに理事職に就いていた保田義男に続き、廣江精一も理事職に加わっている。このことからすると、いずれかの地で農業経営に従事していた廣江精一を理事に置くことで、地元農民の理解と協力を得、運営体制を整えようとしたことがうかがえる。

財団法人徳風会は一九四六（昭和二一）年度、八丈島の事業を軌道に乗せるべく、関係各方面に精力的な動きかけを展開している。

第一に、同年一一月二六日付けで、厚生省社会局長・葛西嘉資宛て、「八丈島無線通信所払下に関する件[21]」を送付し、「生徒収容施設に使用」するために、大賀郷村字金土川所在の約四〇坪の逓信省所管の土地の「払下又は貸渡」の「斡旋」を依頼している。

このとき、社会局援護課に参考資料として提出した「財団法人徳風会事業計画一覧[40]」では、八丈島農場の規模を「七〇町歩」、人員を「三〇〇名」としている。なお、無線通信所を所管する逓信省にも土地の「払下又は貸渡」を願い出ているが、前掲書[27]によると、後に「賠償物資として指定された」ため、物件は「当局の手で撤去された」という。

第二に、同年一二月、東京都長官・安井誠一郎宛て「生活保護法による保護施設」としての認可申請[25]をしている。これは東京出張所の事業である板橋の徳風寮と八丈島の武蔵農園・武蔵寮を含めた申請であり、直後に認可されている。

第三に、一九四七（昭和二二）年一月、東京都長官・安井誠一郎宛て「生活困窮者緊急生活援護による施設費補助金[26]」の請求を行っている。

八丈島の事業がハード面において徐々にではあるが進展していたことは、「昭和二十一年度事業成績[37]」の「其の他の事業」に、「昭和二十一年度東京都よりの助成金により（略）収容保護施設を設置し全島農場の開拓にあたり食糧増産に努めつつあり目下収容人員三〇名に達している。尚宿舎の完備をまって増員の予定である」と綴られていることで分かる。

また、文面から推測して、一九四七（昭和二二）年の一〇月以降に綴ったと思われる提出先不明の「現在迄の実績[45]」によれば、以下のような一年間の実績が綴られている。

① 「引揚民十五世帯に職を与えて内二十町歩を開墾し」たこと。

② 東京都からの五〇万円の助成金により、「収容所四棟（一四五坪）、作業場（四七坪）を新築し、引き続き三〇〇名収容の建物を新築中」であること。

③ 一〇月に「始めて食糧を確保することが出来た」こと。

④「戦災孤児、浮浪児、教護院退院生等第一回収容者としてとりあえず三十名を収容し、引き続き本年度内五十名収容の予定で」あること。
⑤「農場生産物は東京都卸売市場に出荷の予定である」こと。

2　保田義男と創業の動機

八丈島の事業の創業者である保田義男の履歴などについては、前掲の『輝く奉仕者　近代社会事業功労者伝』が確かな手掛かりを与えてくれる。そこには、「収容児童」の放火によって全焼した施設の当時の経営責任者であった保田について、財団法人武蔵野会徳風寮理事長の肩書で、「氏は初志の貫徹半ばにして多少の問題と疑義を抱きながらも八丈島の他の施設を閉鎖して再出発の日を待っている」と紹介されている。このことは、八丈島での事業から撤退しておよそ二年が経過し、再起の機会をうかがっていたということであり、まさに保田が活躍の真っ只中にあったときに編集・刊行されていることを示すものである。したがって、この「功労者伝」は、保田の経歴について、ほぼ事実を綴っているものと考えてよい。

これによると、保田は一九〇四（明治三七）年一〇月二二日、山梨県東八代郡一宮（現・笛吹市）で生を受けている。したがって、八丈島で事業を興したのは四二歳のときということになる。保田は五歳のとき、実母を亡くすという「不運」に見舞われている。「不運」はそれで終わらず、実母の葬儀を取り仕切った寺の住職に引き取られ、厳しく育てられた後、さらに実父の後添えの継母に育てられることになったという。

保田によると、「あの時の苦しみが私の今日の講演材料を豊富にして呉れた」と述懐しているほどに「忍耐の痛々しい深さ」を味わい尽くした幼少期だったというのである。「不運の児」保田はその後、父親に連れられて神奈川県立感化院・薫育院（後に教護院・国府実修学校、現、児童自立支援施設・おおいそ学園）に入所する。入所に至る個人的な事情には触れていないが、何らかの事情があって、家庭からはじき出されたということである。

保田が何歳で薫育院を退院したかは定かではないが、退院後は「陸軍御用」を務めていた実兄に引き取られ、そこから東京殖民貿易語学校（現、保善高等学校）に進学している。卒業後は保田家に養子入りし、大正八年から一〇年までの二年間、神戸で生活した後、東京にもどり、実兄の経営する軍需工場の富士紙器株式会社で手伝うことになる。

ところが、たまたまこの工場が「教護院出の少年を多数採用していた」関係で、「副社長格」の保田は「必然的にその子供達と接触する機会が多くなり」、少年たちの古巣である国立武蔵野学院にも「出入りして教護官や院長にも度々会って、少年達の身の上や処遇や、将来について語り合うことになった」というのである。これが、武蔵野会の『三五年史』にある、一九三四（昭和九）年一二月の保田の「財団法人徳風会東京支部」の主事就任となり、「国立武蔵野学院退院生の事後補導及び一般児童相談を行う」ということである。

そしてさらに終戦後、路頭をさ迷う「戦災孤児や教護少年の特別処置について」構想を練るうちに、「都会を離れた大自然の豊かな環境の中で、食糧の自給体制を整え、彼らの更生を速かにする最も適正な土地を選んで徹底的な救済方法を構ずべき抱負を持」つに至り、国立武蔵野学院院長の青木延春や教護の石原登に会って「その方法を詳細に具陳した」結果、二人の賛同を得ることになったというのである。保田の「功労者伝」は、さらに保田について、板橋区の保護司会長、志村防犯協会会長を歴任し、ＰＴＡでの講演会をし、童話の専門家であることも伝えている。

なお、この「功労者伝」では、同業者として創業に関わる廣江精一についてはまったく触れられていないので、廣江の経歴も保田と廣江の結び付きも分からない。

3　武蔵農園

八丈島の地元新聞・南海タイムスに徳風会のことが初めて登場するのは一九四七（昭和二二）年一月三日である。一一面の年賀広告欄に「財団法人徳風会　武蔵農園　廣江精一　伊勢崎次男（八丈島大賀郷村）」とある。これによって農園の所在地が大賀郷村で、武蔵農園の名称であることが確認できた。農園（後に寮にも）に〝武蔵〟の名を冠したのは、財団法人徳風会が国立武蔵野学院の「後援機関」であったことによるもので、命名者は保田義男と思われる。徳風会から分離独立し、東京出張所の事業を引き継いだ会も〝武蔵野〟である。

なお、後掲の「徳風会八丈島状況概要」[20]によると、幹部に名を連ねている伊勢崎次男は、三兄弟の家族と縁故者ら「三十数名」と農園の経営に参画した人物で、『八丈支庁管内概況』[9]では、一九五〇（昭和二五）年四月時点で大賀郷村の民生・児童委員七名のうちの一人である。小笠原島の歴史研究者・石井良則氏によると、伊勢崎次男は戦時中に小笠原島から疎開した家族の一人ではないかとのことである。

この年賀広告から一〇日後の同月一三日付けの新聞は「戦災孤児二名脱走」の見出しを付けて、以下のように「戦災孤児」の問題行動を報じている。これをきっかけにして、武蔵農園で働く少年の実態が、少しずつ島民に知られることになっていったと思われる。

大賀郷村の廣江精一は一九四六（昭和二一）年一一月に「国立武蔵野学院より六名の戦災孤児を預り、農園の手伝いに使っていた」が、二人の一六歳の少年が「脱走」した。警察署員が捕まえて聴取したところ、「食事の頭をハネられたり、芋の徴発を命ぜられ、従わないとイジメられるので、意を決して逃亡」したと供述した。警察署員は少年を「訓戒」し、武蔵農園主に対し、「未だ十六歳の哀れな戦災孤児の事でもあり、深い同情と、責任ある保護方針をとって貰いたいものだと要望」した。

この記事は重要な事実を伝えている。「農園の手伝い」のために預った少年が国立武蔵野学院の退院生で、一九四六（昭和二一）年一一月に来島したこと、「戦災孤児」であること、食糧をピンはねされ、いじめられること、警察署員が彼らを「訓戒」したこと、警察署員が農園主に対し、適切な保護方針で処遇するよう注意喚起したことである。

興味深いのは、「哀れな戦災孤児」の言葉である。記者は国立武蔵野学院がいかなる施設なのか、予備知識を持ち合わせていなかったのであろう。そのため、「不良」度の進んだ少年を対象とした国立少年教護院（当時）の在籍児であったとは認識せず、「戦災孤児」とばかり思い込み、「哀れな」という言葉を冠したのである。

もうひとつ注視すべきことは、少年の訴えに同情した警察署員の農園主に対する注意喚起である。おそらく少年の訴えは事実なのであろう。武蔵農園の事業主は事業を開始して早くも、少年に苛酷な労働を強い、懲罰的に振る舞っていたのであろう。後記するように、こうした実態は間もなく国立武蔵野学院の本部に知られるところとなるのである。

なお、前掲書[27]は、廣江精一に委託した最初の少年は一八歳の国立武蔵野学院の退院生二人であり、以後、この文書が綴られた一九四七（昭和二二）年九月二四日までに、「東京都養育院の懇請により已むを得ず（略）浮浪児十八名の委託を引き受け自宅に預かって居」るとしている。国立武蔵野学院の退院生の他に、東京都養育院の強い要請による委託少年もいたというのである。これを裏付けるような資料がある。

漫画家の小林武が板橋の養育院を訪問し、「収容児童」と語り合った内容を一文とカットでまとめた「戦災孤児は訴える！」のなかに、「俺達、八丈島へ島流しや田舎へ百姓にやらされるのやだよ」[2]という児童の言葉が紹介されているのである。この児童の「訴え」は、板橋の保護所で職員の口から、八丈島の施設への送致や、山形県、宮城県、長野県などの農家に預けられる可能性のあることを申し渡され、「収容児童」のなかで、このことが話題になり、嫌悪感を募らせていたことを物語るものである。

この新聞報道以後一年にわたり、徳風会・武蔵農園に絡む記事は登場しない。このことは事業が平穏であったことを示すものではなく、記者が記事にしなかっただけのことであり、内部では少年の問題行動のみならず、後記するように、少年を指導する職員や施設側の人事・管理面で重要案件が続出するようになっていたのである。

前掲書[27]は、「之（生徒用寮舎）が近く完成しますので、寮長、寮母も本月（九月）末迄には赴任せしめる予定」であり、「此の完成を機として八丈島農場の財産全部を徳風会に登記し一切を徳風会の直轄管理に移し人的物的に其の陣容を整備する」としている。

4 武蔵寮の創業と内部事情

年が明けて一九四八（昭和二三）年一月三日付け南海タイムス一面の年賀広告は、「徳風会武蔵寮（三根村）寮長　伊達好次　教師　丸山豊　代表理事　廣江精一　農園主任　伊勢崎次男」となっている。これは事業計画に沿って、新たに施設（寮）を三根村に創業したこと、寮長以下、職員体制が整ったことを島民に報知するものであった。目に付くのは廣江精一の肩書の「代表理事」である。

武蔵野会の『三五年史』によると、前年一二月一二日公布の児童福祉法に基づき、一九四八（昭和二三）年一月一日付けで養護施設として認可されたときの名称は徳風寮となっているが、東京都の認可名に武蔵寮はなく、「徳風会東京支部」の名称で認可されたと思われる。

東京都公文書館では、「徳風会東京支部」の認可公文書を見出すことができていないが、この施設が児童福祉法による「養護施設」として東京都の認可を受けていたことを示す記録が一九四九（昭和二四）年刊行の『東京都管内公私社会事業施設一覧』[7]にある。「私設社会事業施設一覧」の「養護」の項に、「徳風会東京支部」の名称で、住所が「八丈島三根村川向」、常務理事が「保田義夫」、備考欄に「事務所　板橋区」とある。また、『民生局年報』[4・6]でも、養護施設として同様の名称で掲載されている。

なお、養護施設として認可されるまでは生活保護法による保護施設の扱いであったが、一九四八（昭和二三）年刊行の『東京都管内公私社会事業施設一覧』[5]では、なぜか「育児」の項に分類されてはいるものの、「社会事業法適用施設」でも、「生活保護法認可施設」でも、「児童福祉法認可施設」でもなく、事業の種類がはっきりしない。また、『昭和二十一年度　民生局年報』[3]では、委託児童保護施設（救護施設）の一覧に「武蔵野学院」を設け、実員を男子九六名とし、そのうち一八歳～一四歳を五五名としている。これが徳風会東京出張所の事業（武蔵農園）を指しているものと思われる。

年賀広告に登場する初代寮長の伊達好次と教師の丸山豊は、徳風会常務理事で東京出張所の保田義男が探し当て、送り込んだ人物と思われるが、両名とも詳細な経歴は分からない。前掲書[27]にあるように、前年の九月末までに着任したと思われる。また、一九四八（昭和二三）年度の「事業計画」[41]では、「生徒寮舎として武蔵寮が完成したので、新年度早々その落成式を行」う予定としている。

完成した武蔵寮は、戦時中に軍が使っていた兵舎を転用したもので、現在の住所では八丈町三根一八六一辺りになる。公道に面して更地になっており、六〇〇坪ほどの広さで、入り口にロープが張られている。全体が五〇～六〇センチの雑草で覆われ、小型の工事機材や廃車のようなものが放置されている。左側には小さな倉庫が設置されている。奥は人間の出入りを阻むような中木の雑木林である。

武蔵寮は、このようにハード面の整備は徐々に進んでいたが、管理面や処遇面では混迷を深めていた。それを物語るように、施設運営と処遇をめぐって、さる筋（厚生省か）から疑念をもたれていた節がある。前掲書[27]は、少年に強制労働を課していることはないかとの問いに、「天候の関係で急を要する場合がありましたので、十八才以上の大きな生徒数名、数日間、廣江氏と共に熱心に労働しました。（略）自ら進んで此の数日の労働に加ったのであります。其他の小さい児童を之に使用した事もなく、其の他の場合に生徒に特に労働させた事などありません」と、やや歯切れの悪い回答をしている。さらに「配給物資の横流し」についても問い質され、きっぱり否定している。回答書が武蔵野学院のネームの入った所定用紙であることから、これを綴ったのは学院の庶務担当者であろうか。

持ち上がっていたこうした内部問題に対して、財団法人徳風会本部は現地に職員を送り、実態調査に乗り出している。このときの報告書（覚え書き）が「徳風会八丈島状況概要」[20]である。現地での事業運営をめぐり、保田義男と東京出張所を中心にしながら、武蔵農園と武蔵寮との関係、さらに武蔵寮の内部がぎくしゃくしている事実を、実名を挙げて赤裸々に綴っている。ここでは、一部実名を伏せて概略を紹介しよう。

① 武蔵農園の運営の主導権が特定人物某に握られ、本来権限を有する人物某との「関係はあってなきが

如く」の状況になっている。
②　生産物は主に甘蔗、甘藷で、その処置は特定人物によってなされ、不明である。
③　「寮に対する農園の使命はない状態。会に対する農園の感情も分裂している」
④　当初は「武蔵寮の建設により、児童の労力を頼み将来の計画を樹てた」が、初代寮長の「来島により労力的児童は意の如くならなかった」。
⑤　主導権を握った某は、本来権限を有する某と表面上の連携を保ちながら地盤を固め、保田と手を切ることを望んでいる模様。
⑥　安田は体面上も合理性を切望している。
⑦　本来、権限を有する某は、過去を挽回すべく資金（集め）に努力して一方、寮に対し楽観説を唱えている。
⑧　保田はこれに対し充分な警戒をし、寮を主体にすべく焦っている。
⑨　着任した寮長は一〇か月間、寮を把握することができなかった。
⑩　寮の建物の居室は六畳（約束とは全然違う）。
⑪　一九四七（昭和二二）年七月、本来権限を有する某が別居することになり、寮長は新完の家に入り、これを機に全般を握り、児童生活を極度に転回せしめた。
⑫　本来権限を有する某は寮を離れた後も、寮生に対するに「保護精神を離れた言動が多分にあり、代表、理事を行使しようとした」。
これによって、現地の事業運営が、とりわけソフト面において、いかに混乱していたかが分かる。後記するように、こうした内部事情が後に、徳風会本部のある国立武蔵野学院が、東京出張所と保田義男を仲介し

た形で運営していた武蔵農園と武蔵寮（さらに徳風寮）から全面的に撤退する要因になっていったように思われる。

5　東京都民生局と八丈島警察署の支援

一九四八（昭和二三）年五月三日付け南海タイムスは「徳風会武蔵寮　脱走児捕わる」の見出しで、四月一日に「脱走」して以後、長期間にわたって山中にこもり、夜間に民家に忍び込んで窃盗を働いた一七歳の少年の事件を報じている。

この記事で、少年について、「幼少の頃から盗癖があり、また放浪癖もあるため、その矯正目的のため」に、「二月二十四日東京都中央児童相談所から」武蔵寮に「廻されて来た」が、今回の事件で「地検送り」となり、四月二七日に「上京」したと紹介している。「廻されて来た」この少年は東京都中央児童相談所の措置児童であろう。

同年一〇月二三日付け地元新聞は、同月一三日に東京都の民生局長と衛生局長の一行が来島したことを報じている。そのなかで目につくのは、来島二日目の一五日に民生局長・上平正治が武蔵寮を訪問・宿泊していることである。民生局長が養護施設を訪問することは大いにあり得るとしても、わざわざ施設に一泊しているのは異例である。

いかなる政策的意図によるのかは定かではないが、武蔵寮が東京都民生局の期待を担った養護施設であり、強力な応援を得ていたことを示す機会になったことは間違いない。施設と島民との関係がしっくりいっていないことに危機感を抱いた八丈支庁が局長を担ぎ出し、島民に理解を求めるきっかけとして利用したのか。

東京都の措置に関連して、神奈川県の元児童相談所所員の回想録[18]に興味深い事実が綴られている。一九四八（昭和二三）年四月に神奈川県の児童相談所に鑑別員として配属になった箕原實（後に中央児童相談所長に就任）が「児童福祉への道のり」のなかで、「（教護児を収容する施設が不足しているため）東京都所管の八丈島の施設には、委託する教護児を船に乗せて連行した」と綴っているのである。

施設の名称には触れていないが、「八丈島の施設」が「東京都所管」であることから、武蔵寮であったことは間違いない。「教護児」を県内の教護院ではなく、八丈島の養護施設に「連行」したのは、施設不足により、県内の教護院に措置できなかったからで、所管の東京都から割愛を受けたということである。したがって、武蔵寮は東京都の措置児童の他に、神奈川県の措置児童を受けていたことを意味する。しかも本来、教護院に措置すべき教護児童を養護施設の武蔵寮が受け入れていたということである。

第一章でも触れたように、東京都は一九四六（昭和二一）年一〇月一二日、神奈川県と協力し、「京浜地区における浮浪児等の保護に関して関係各機関の連絡を図り発生する諸問題の具体的処理方法を協議決定しその実施の推進に当る[1]」ために、京浜地方浮浪児等保護委員会を設置している。これに基づき、東京都民生局の所管する武蔵寮が、神奈川県の「特質浮浪児」を引き受ける役割を担ったということなのであろう。

保田が武蔵寮に神奈川県立教護院の対象児童を引き受けた背景には、東京都と神奈川県の間で取り決められていたこの「京濱地方浮浪児等保護委員会規定[1]」の他に、もうひとつ、かつて感化院・薫育院での生活経験を有する保田にとって、まさに母校の児童であったからではなかったか。

一九四八（昭和二三）年一一月二三日付け地元新聞は「徳風会運動会」と題し、同月二一日、旧飛行場で「戦争が生んだ哀れな孤児達」と職員に警察署員が加わって、第一回の運動会が行われたことを報じている。養護施設の主催する運動会に地元警察の署員が加わっているのは、警察署と施設の双方にどのような思惑があってのことだったのか。

これを解く鍵が『八丈島警察署五十年史』[16]にある。島内には警察行政が布かれて以来、警察官を「先生」と呼称する伝統があり、着任した警察官は「崇高な『先生』の使命感」と「旺盛な責任感を堅持」しつつ、「誇り高い職務に精励」してきたというのである。したがって、警察署員は警察官としてよりも教師の感覚で運動会に参加していたということなのか。こうした教師的な姿勢を見せる八丈島警察署員の職務の背景には、もうひとつ、島民に対する後ろめたさがあって、警察署に向けられた島民の不信感を取り除きたいというねらいがあったのではないか。署員に過去の失態を繰り返してはならない、という思いがあって、武蔵寮の少年たちに気を配って対応していたのではなかろうか。

過去の失態と何か。一九四六（昭和二一）年四月早々、島民の高齢の女性が強姦された挙句に殺されるという事件が発生し、警察署は容疑者として疑われていた人物（駐屯兵）を見逃したなかで、三か月後、知的障害を有する某と共犯者とされた某の二人を逮捕した。令状なしの長期に及ぶ勾留と拷問によって被疑者を自白させ、東京地検は二人を起訴した。

東京地裁は、一九四八（昭和二三）年一月、二人の被告人に実刑判決を、その後の一九五一（昭和二六）年六月、東京高裁は被告人の控訴を棄却した。ところが、被告人が上告したのに対し、一九五七（昭和三二）年七月、最高裁は二審判決を破棄し、無罪を言い渡した。裁判官全員一致の意見であった。

最高裁の主文には、苛酷な拷問による取り調べが行われ、被疑者の子どものような泣き声や叫び声が署の近くを通りがかった住民にも聞こえるほどだったこと、被告人の一人は「平穏な愚か者（低能者）」であったこと、作成した検案書の死亡推定日時を警察署員の申出によって医師が書き換えていたこと、自白以外に証拠がなく、自白の信憑性に乏しいこと、などが綴られている（最高裁判例　刑集第一一巻七号）。

まさに警察の予断と偏見による典型的な冤罪事件であり、島民は裁判の動向を見守っていたものと思われる。地元新聞の南海タイムスは、一九四六（昭和二一）年七月二三日付けで「痴情の犯行と判明」との見出しを付け、二二歳と二一歳の青年が逮捕されたことを伝え、「本島には珍しい事件であり注目に値する」と報じながら、以後、この事件と裁判の経過を扱っていない。島民が被害者と被疑者・被告人に分かれていた上に、警察署の取調べの状況から、当初から冤罪のにおいをかぎつけていたのではないか。

6　東京出張所に対する機構整備の通達

これ以後、少年の引き起こす問題行動によって島民が被害を受ける度に地元新聞は、当初の施設と少年に対する同情的な姿勢から、厳しい目を向けるようになっていく。

一九四九（昭和二四）年三月一三日付け新聞は、「三根神湊に放火」の見出しと「犯行は郷愁に罹った不良児」の小見出しを付け、同月七日の深夜、漁網倉庫に放火して逮捕された武蔵寮の一七歳の二人の少年が「近便で少年審判所に送られる」と報じている。「哀れな戦災孤児」から「不良児」に表現を変えていることは注視すべきである。

一段と悪化する少年の問題行動の一方で、東京出張所を仲介した形で、武蔵農園、武蔵寮（さらに徳風寮も含め）における管理運営上の問題が表面化するようになる。そうした実態を把握した徳風会本部のある国立武蔵野学院は、「厚生省の指令により本会の機構を整備し責任の所在を明にしたい」として、抜本的改革に乗り出す。徳風会理事長・青木延春名（国立武蔵野学院長）により保田義男に宛てた一九四九（昭和二四）年四月三〇日付けの書簡[28]は、そうした事情を伝えている。

以下は、「東京支部」の保田義男に対して「即時」実施を厳命した六つの事項である。

①「理事長の承認を経ず正式の委嘱を受けずして本会理事名を使用することの絶対禁止」
②「保田氏は理事就任の手続をし本会東京支部長の責任を保持すること」
③「現在職員の再検討」
④「本会と武蔵農園との関係を明確にすること」
⑤「本会の資産たるべきものの登記」
⑥「現在までに理事長の未承認の重要書類の提示」

これに添付された「特別会計各部と本部との連絡に関する規定」と題する文書には、さらに具体的に、次のような事項が盛り込まれている。主要な事項のみ紹介しよう。

①「徳風会の名によって行う一切の事務は凡べて理事長の承認を経ること」
②「職員の任免は全部理事長の承認を要すること」
③「毎月規定様式の報告を翌月十日迄に提出のこと」
④「月一回以上所用の有無に拘らず理事又は代理が連絡の為本部に出頭すること」
⑤「日記帳、職員名簿、傭人名簿、収容者名簿、不動産目録、備品目録、物資出納簿、金銭出納簿、証憑書類、生産品簿」を「常に整備すること」

これらの内容から、板橋の東京出張所を舞台に、農園と二つの寮の管理運営をめぐって、適切とは言い難い、きわめてずさんな管理運営が行われ、それが人事面にも及んでいたことがうかがえる。しかも、その渦中の人物は保田義男なのであろうか。

それにしても不可解なことは、これまで組織名であった東京出張所の名称が、ここでは「本会東京支部」

になっていることである。これは保田義男が、養護施設として東京都が認可した「東京支部」の名称を用いて、本部とは関係なく独断で事業を展開するようになっていたことを示すものであろう。しかも、そうした保田に対して徳風会本部が歯止めをかけ、改善の具体策を講じるべきことを迫ったということではないか。

7　本部の撤退と東京支部の分離独立へ

さらに同年六月一一日、徳風会本部は保田義男、廣江精一を国立武蔵野学院に呼びつけ、理事長・青木延春の他、二人の理事が加わって重要会談を行っている。

会談記録[30]によると、理事長の「東京支部は、今後独立して新しい会をつくり保田氏が全責任を帯びて存分に経営せられたい。但し之は同支部を廃止するためでなく責任の所在を明にすること及び保田氏が本部の掣肘を受けることなく自由に運営し得る為」との申し出に対し、保田義男は「東京支部は元来武蔵野学院の後援機関たる徳風会の支部として発足したものであるから将来とも其の目的に変更はない故に現在は東京都の養護施設としての活動が主であるが、将来は本来の目的を主にしたい考えであるから何時か適当な時期に再び合併することがあるべき事を前提として理事長の申出でをお受けする」と返答している。

理事長の申し渡しを保田義男が受理し、細目については同月一四日以後に保田義男と再度協議の上、協定することとし、会談を終えている。

さらに六月一一日の決定に基づき、同月一六日付け「徳風会東京支部の処置について[31]」のなかで、以下について「至急実施」を「東京支部」に求めている。

①「徳風会東京支部はその名称を変えること（財団法人徳風会の文字を使用せぬこと、近い機会に公益法人

を造る）」

②「東京都に対し当方より手続をすること（都の責任者に口頭にて諒解を求めること、文書を要すれば文書を提出する）」

③「養護施設として主体が変るから保田氏より東京都に文書にて手続する」

④「東京の事務所の建物は当分無償にて保田氏に貸与する」

⑤「武蔵寮の処分は東京都と相談する」

なお、この文書に、保田義男が事実上運営する東京支部に武蔵野学院系列の二人の職員（夫婦か）が雇用されていたことを推測させるような綴りがある。これについては、「本人達の意向を聴き、（略）武蔵野の職員を止めて保田氏の職員になる」べきであるとしている。保田義男の責任において、独自に雇った形態にすべきであるということであろうか。

これによって、東京支部、すなわち武蔵寮と徳風寮の二つの養護施設と武蔵農園事業の、徳風会本部からの分離独立と、新たに武蔵野会による運営移行へ始動したことになる。これを物語るように、財団法人徳風会の一九五〇（昭和二五）年度の「事業計画」[42]には、武蔵寮など東京出張所関係の事業は削除されている。

徳風会本部が保田義男に対して「東京支部」の分離独立を申し渡した背景に、以下の四点の事情のあったことが挙げられよう。

①「東京支部」による独断専行の業務が常態化し、本部の眼が行き届かなくなっていた。

②東京都の認可施設になって以後、武蔵寮と徳風寮の事業が優先されるようになった。

③当初の目的であった国立武蔵野学院の退院生の事後指導の役割が後退し、向後も事業を進展させる見通しが立たない状況になっていた。

④「東京支部」は閉鎖すべき事態にまで変質しているが、すでに認可施設として運営されていることから閉鎖は避けなければならず、残された選択肢は分離独立しかなかった。

この他に、前掲の書簡から、財団法人徳風会に保田義男らが「私費を投じ[27]」たとされている物件の資産登記が遅延していたことも影響していたのではないか。[28]

これ以後、本部と「東京支部」の保田義男と東京都の間で、どのようなやり取りが行われたのか。相談を受けた東京都民生局にとって、「戦災孤児・浮浪児対策」として「恒久的保護施設」に力点を置いていた状況下で、武蔵寮（さらに徳風寮）の閉鎖は到底受け入れられないことであることから、保田義男が組織しつつあった武蔵野会への移行を承認し、何らかの調整に当たったであろうことは間違いない。

保田義男が徳風会本部に対し、理事の辞任願いを提出したのは一九五一（昭和二六）年五月二二日であり、同日付けの辞任が承認されている。[29] このことから、保田義男はそれまでは徳風会の理事職に留まりながら、一方で武蔵野会の組織化に力を入れていたものと思われる。なお、武蔵野会の『三五年史』では、一九五〇（昭和二五）年四月に「宮内庁長官より金壱封を下賜せら」れ、一九五一（昭和二六）年一月に武蔵野会を興し、理事に就任したことになっている。この武蔵野会の『三五年史』の記事は、一見して御下賜金が武蔵野会の活動に対してなされたように錯覚するが、そうではなく、徳風会の活動に対してのものである。なぜならば、御下賜金は法人経営や施設運営が適正であることを大前提に、優良な民間社会事業の活動に対してなされるものとされているからである。

第三節　崩壊に至る道

1　地元民を困惑させる問題行動

一九五〇（昭和二五）年一月二二日付けの地元新聞は、同月一三日、「某所」を「脱走」した一五歳と一三歳の二人が「炊きたての御飯を盗」み、物置に隠れているところを捕まえられたと報じている。これまでは徳風会武蔵寮と特定して報じていたが、ここでは「某所」としていることと一三歳の学齢児であることが目につく。

前掲の『八丈島警察五十年史』は、この時期に「某所」の少年たちの起こした一連の「少年窃盗団事件」を、「悪質な手口が島民に不安を与えた」と綴っている。八丈島警察署長は、回想録で「三根」にある「内地で不良行為を犯し、島送りとなった不良の少年等を収容する施設」の少年たちの起こす「小鼠泥」の「検挙には相当苦心」したと綴っている。「島送り」と「不良の少年等を収容する施設」は、武蔵寮の実態を示すものではあっても、養護施設の理念からはかけ離れている。

同年四月一六日付け地元新聞は、「新版〝島抜け〟失敗して自殺決意」の見出しで、同月一四日に「三根某所」を抜け出した一六歳の少年が、盗んだカヌーを漕ぎ出そうとして失敗し、食糧を窃盗して徘徊しているところを捕まったと報じている。

さらに一週間後の同月二三日付け新聞は、「また〝脱走少年〟警官を欺き山中で捕る」の見出しで、一八歳の少年が怒られたのを苦に大賀郷西方の農家から飛び出し、近所で食糧を窃盗して捕まえられたと報じている。農家に預けられていた少年か、あるいは当時、実在したとされる富士寮の少年と思われる。

同年九月一〇日付け地元新聞は、「カヌーで島抜け　少年無惨な溺死」の見出しで、衝撃的な事件を報じている。同月二日、「三根某所」を作業に出かける素振りをして「逃走」した一三歳の二人の少年が、カヌーを使って東京への脱出を試みたが、折からの台風に遭遇し、うち一人が荒海に呑まれて溺死したというのである。

一三歳の学齢児であり、島内の中学校に通学していたのであれば中学生の表示があるはずだが、それがない。後記するように、学齢の少年は島内の小中学校には通学せず、「寮内学科教育」と称して、もっぱら施設内教育で済まされていたことが明らかになっている。第二章第二節の10項で触れたように、やや曖昧ながらも、「収容児童」の就学保障が規定されていた養護施設において、児童福祉法第四八条第二項（当時）によって教護院（長）に認められていた〝見なす教育〟が行われていたのか。前掲の年賀広告に登場する「教師　丸山豊」は、そうした事情をうかがわせるものである。

同年一二月一〇日付けの地元新聞は、「上京したさに放火謀議」の見出しと「武蔵寮児の無軌道極まる」の小見出しを付け、一面トップで報じている。同月二日の夕方、「四人組」の少年が「脱走」し、近隣の商店と農家に侵入して食糧を窃盗して「逮捕」された。警察署員の取り調べに、「四人組」は旅館裏の倉庫に放火する計画を立てた、放火すれば「厳罰によって悲願の東京行きが実現する」と考えていた、と供述したという。記事は「寮児の無軌道振りに全島民は恐怖のどん底に突き落とされている」の一文で結んでいる。

2 社説による追及

同じ一九五〇（昭和二五）年一二月一〇日付けの地元新聞は、この記事とは別に、「徳風会に望む」と題する社説を掲載した。島民はこれまで「隠忍自重して来た」が、放火の実行計画が発覚したからには、「事故を防止し得る完全な施設（それが監禁かどうかは知らない）の即時施設方を要請」し、それが困難なら「すぐに島外移転」すべきであると、かなり踏み込んだ主張を展開している。特筆すべきは、記者がここに至って、施設と少年の「事実」を把握し、詳細に伝えていることである。記者は次のように述べている。

武蔵寮は「不遇な少年達の更生養護施設」であり、「教護所（少年の刑務所）を脱走したり犯罪をおかして同所では手に負えぬ重罪犯」が「島流しにされ」てやってきた。「都は八丈全体を刑務所以上にして了った。島の平和や公安がどうなろうと構わぬ、これが都の方針であることを事実が証明」している。しかし、「職員十三名の健闘によって優秀な模範少年の折紙をつけられ東京へ或は島内の篤志家に続々引き取られている少年達の肩身をせまくするようなことになってはいけない」のである。

「だそうである」の表現から、記者は警察署や施設周辺への取材から「事実」を把握したのであろう。主な情報源は警察署か。「哀れな戦災孤児」の施設ではなく、「教護所（少年の刑務所）」では「手に負えぬ重罪犯」の「更生養護施設」であったというのである。そこで批判の矛先を東京都に向け、善処を求めている。ただし、記者の姿勢は当事者である児童や職員に対しては同情的である。

この社説でさらに注視すべきは職員数である。「十三名」が事実ならば、一九四八（昭和二三）年一二月二九日付け公布の児童福祉施設最低基準を満たしていたのかどうか。前掲の保田の「功労者伝」では「十七名の職員」としている。ところが、この社説から二年後、少年の放火によって施設が全焼した頃には「四名」に減っているのである。まさに異常とも言うべき職員の激減である。

新聞ではこの後、約五か月間、武蔵寮関連の記事が途絶えるが、少年による問題は依然として続いていた。このことは、年が明けた一九五一（昭和二六）年五月六日付けの地元新聞が「少年問題について関係方面に望む」と題する社説を掲載していることで分かる。頻発する少年の問題行動を前に、島民の気持ちを代弁して発言したものと言えよう。

社説は、少年の問題行動の「回数や彼等の足跡をここで洗いたてる」よりも、彼らを「どうするかが問題の焦点」だとし、第一に、少年の「無軌道の理由」が何か、施設の「現状はどうなっているか」を問うべきであり、これを明らかにすれば島民も「『どうしたらよいか』という結論への端緒を発見」できるという。ここには、少年の心情を大前提に、施設のあり方や処遇について島民も一緒に考えたいとする前向きの姿勢が示されている。

第二に、「関係方面は何を考えているか」を問うている。島民が「極度に脅かされている現状」にあり、しかも前年の一二月一〇日付け新聞社説で「島外移転」などを提言したにも関わらず、関係機関の「誰もウンともスンともいわない。無感覚も程度問題である」という。そこで、「徳風会」と「支庁、検察、警察当局」、「村長、村会」は、所見と方針を示すべきであるといい、とりわけ「村長、村会」に対しては、「民心にソッポを向けている。なぜ行動しないのか」と厳しく迫っているのである。

このように島民が日常的に被害を受け、施設のあり方に強い疑念を抱いていることを、支庁は察知していたはずである。したがって、このことは支庁から本庁総務局に、さらに民生局に、最後に中央児童相談所長に伝達され、担当の児童福祉司を含め対応策が検討されなければならなかったのである。しかし、こうしたことが行われた形跡はなく、実態は法人と施設に任せっぱなしにしていたのか。

なお、この社説が掲載されたとき、すでに武蔵寮の運営主体は徳風会から武蔵野会に移行されていたと思われるが、記者はその事実に気付いていなかったのか、あるいは施設側が意図的に運営主体に変更のあった事実を伏せていたのか。

3 寮長の交替

この二度目の社説が掲載されて二週間後の五月二〇日付けの新聞は、「野営の食糧を盗む」と題し、「三根村」の一四歳の「某少年」が、同月一一日に単独で「脱走」し、各地で食糧を盗み、「秘密陣地」を作って野営する準備をしていたところを、張り込み中の巡査に捕えられたと報じている。記事によると、同月八日にも三人が「脱走」しており、一一日に単独で「脱走」した少年はそのうちの一人であるという。

それからさらに一週間後の五月二七日付けの新聞は、「また出て荒らす」と題し、同月一八日、一四歳と一五歳の二人の少年が、この四月以降、三度目の「脱走」を行い、野営をするために商店や農家から衣類、食糧などを盗み、三日後に捕まったと報じている。ここにも一四歳の学齢の少年が登場する。

この五月二七日付けと次号の六月三日付け新聞に、寮長・細谷廣親名で「少年問題について武蔵寮より」と題する一文が掲載されている。社説で施設のあり方と少年の問題を厳しく問われたことへの返答である。この一文で注視すべきは、寮長が交替していることも然ることながら、運営主体の変更も明かしていないことである。これは、意図的にぼかしたとしか考えられない。これまで背後に確固として控えていた国立教護院が完全撤退したことは、島民を不安視させることになると考えたのであろうか。

前年の一九五〇（昭和二五）年五月に着任したと思われる新寮長の細谷廣親は、「徳風会がいわゆる問題の少年を連れて来てから数限りなく皆様に御迷惑をおかけしています事を当事者として御詫致します」と謝罪した上で、「寮生」の特性と入所の経緯について、次のように釈明している。

「『悪い事をすれば島へ送るぞ』そして、その威しもきかぬまま再三内地数ヶ所の施設で頭痛の種であった彼等は島へ送られて来た」のであり、「内地のその筋の特別保護室（強度の軟禁）でさえ彼等の前には何の役にも立たない様です。」

また、新寮長として着任以後、年長「寮生」の大部分を「帰し」たとし、その理由を「私達職員の年齢は一寸責任ある指導が出来ないのではないかという危懼に対する良心的な対策の一つ」であるという。寮長自身も含めて若年職員が多く、年長「寮生」を指導できなかったということか。さらに、「何時帰れるか見通しのなかったと云う点に彼等の自暴の脱寮事件の発生も考えられ、一ヶ年を矯正の目的達成までの期間として年四回（略）残寮生が退寮生を送る歌を港」で歌って送り帰しているという。また、「作業中心の行き方から逐次寮内学科教育に重点を置いて」おり、食事も「具体的に計画を樹て普通並みには変化に富んだ給食を実施して居るつもり」であるとしている。

最後に、「寮生六〇名中脱寮する者は定まった二、三の者」であり、彼らが「精神的に不安定な衝動にかられて再三脱寮している」のであり、このことは警察署で調べてもらえれば分かることであり、残りの寮生は「過去の生活を清算しよう」と努力していること、「現行法規の改正等により女子職員に重点をおかれ現状の様に男子職員が多く居られなくなる」ので、脱寮した少年を近隣で「捕まえ」て欲しいこと、戸締りを厳重にし、マッチを墓や炊事場に放置しないで欲しいこと、を訴えている。

寮長の一文は、施設と「寮生」について多くの実態を明らかにしている。農作業中心の処遇や食事内容が内外で問題になっていたこともうかがえる。また、養護施設としての武蔵寮の対象児童を説明したものとしては多分に無理がある。「寮生」が「特別保護室（強度の軟禁）」を経験済であること、「矯正の目的達成」や「過去の生活を清算」するなどの表現は、本来の養護施設の理念と対象児童を述べたものではない。

また、この「特別保護室（強度の軟禁）」が何を指しているのか定かではないが、当時の事情からすると、二つが考えられる。ひとつは国立武蔵野学院の「特別観察寮」、もうひとつは東京都の中央児童相談所に設けられていた「特別観察室」である。

「特質浮浪児」を対象と考える東京都民生局は当然、こうした実態を認識した上で養護施設として認可しているのである。所管する行政機関としての無責任さは明らかである。法令上は養護施設であるが、処遇内容からすると教護院以下である。行政機関としては児童を騙すものであり、きわめて悪質な措置というべきではないか。

もうひとつは、新寮長が着任して以後、年長「寮生」の大部分を「帰し」ていることである。このことは施設の処遇方針に関わることであり、寮長の交替により、路線変更が断行されたことを意味する。年長「寮生」を主体とした農作業中心の処遇を改めたということである。では、そうした年長「寮生」をどこに「帰し」たのか。徳風会東京出張所から建物を借用して引き継いだ板橋の武蔵野会東京支部（徳風寮）か、あるいは保田の「功労者伝」に綴られている、北区神谷町にあった筑波寮か、それとも児童相談所の一時保護所か。少年たちが措置児であることから当然、彼らの措置変更に当たっては児童相談所と児童福祉司が当たらなければならないはずであるが、そのことについても何も触れていない。

後に保田義男を引き継ぎ、武蔵野会理事長に就任することになるが、当時、神学生として徳風寮の日曜学校で奉仕活動を行っていた山田二三雄氏によると、「児童が八丈島から徳風寮に送り帰されてくることがあったようだが、児童相談所や児童福祉司の関わりについては記憶がない」とのことであった。

ちなみに、東京都民生局の発行する『民生局年報』によると、『昭和二十三年版』[4]は「徳風会東京支部」の名称で男子五七名、女子三名、『昭和二十四年版』[6]は「徳風会東京支部」の名称で男子九〇名、女子一名、『昭和二十五年版』[8]は同じく「徳風会東京支部」で男子八四名、女子二名と続き、『昭和二十六年版』[10]になって、初めて「徳風会東京支部」の名称が消え、それに代わって「武蔵野会」の名称で男子七六名、女子二名となり、『昭和二七年版』[11]は同じく「武蔵野会」で男子六二名、女子四名となっている。

ところが、一九五一（昭和二六）年七月五日刊行の『児童憲章を活かす道』[32]は、「関係施設一覧」で、「職員数十名以上を有する」養護施設として「徳風会東京支部」を挙げ、住所を八丈島三根村字川向武蔵寮としている。注視すべきは、名称が変更されていないことと、この時期に職員が確保できていたことである。

この東京都の行政資料は、一九五〇（昭和二五）年度中に法人の運営主体に変更があったことを示すものではあるが、同じ東京支部を構成する八丈島の武蔵寮と板橋の徳風寮の間で、どのように児童の異動がなされていたのか、あるいはなされなかったかは確認できない。

なお、新寮長の細谷廣親は、前掲書[7]によると、徳風会・武蔵寮の新寮長として着任するまで、東京都目黒区自由が丘二四七に住所を置く養護施設・救国青年同志会の会長職にあった人物と思われる。一九四六（昭和二一）年七月二五日付け朝日新聞に掲載された「山形へ廿五名永住　若き人達の愛の手結ぶ」と題する記事によると、救国青年同志会は「帝都の浮浪児救済のため」に大学の学徒らによって設立された民間団体である。

この記事を裏書するように、東京都の二つの『管内公私社会事業施設一覧』[5・7]では、施設を紹介した備考欄に、それぞれ「事業所山形県外」「事業所長野県」となっている。細谷廣親はこのとき二二歳で、救国青年同志会に加わる前は「千束国民学校の浮浪者収容所」で働いていた。したがって、細谷廣親が武蔵寮の寮長に就任したときの年齢は二七歳ということになる。

日本社会事業大学の卒業生文集『はらじゅく』に、細谷廣親が「頭のハゲタ若人の追想」[47]と題する一文を投稿している。武蔵寮の寮長職にあった細谷と同一人物と思われる。一文には武蔵寮のことは一切触れていないが、「私は、昭和の年と数え年は同じ、復員してからすぐ飛びこんだ今の社会福祉事業……」とある。細谷は武蔵寮を退職後、一九五六（昭和三一）年から一九五七（昭和三二）年の二年間、日本社会事業大学研究科に入学し、この一文を綴った頃は社会福祉法人育心会で現場実践に取り組んでいたようである。

4 放火による施設全焼

一九五一（昭和二六）年六月一七日付けの新聞記事は「寮児たち大喜び」の見出しで、地元の「末吉婦人会」が同月一四日に「徳風会武蔵寮」を訪れ、食事面で「気の毒な状態に」あり、「脱走の一因ではないか」と同情して、里芋七袋、切干三俵を贈ったことを報じている。また、「末吉には寮児二名が民家に委託されている」ことも伝えている。依然として「徳風会武蔵寮」としており、記者が運営主体の変更に気付いていなかったと思われる。

また、同じ日の新聞は、五月三日に一五歳の「三根の某少年」が農業指導員と飛行場で作業を終えた帰りに「逃走」し、民家や店に押し入って衣類、食糧、現金などを窃盗して「駐在所」に捕まったことを報じているが、これも武蔵寮の少年である。

同年六月二四日付け地元新聞は「取締は公平か」と題する社説で、武蔵寮の寮長と検察庁の副検事から回答があったのに、「肝心の村当局関係者や支庁方面」からは何の反応もないのはどうしたことかと問い、「どれだけ誠意と熱意を示すか」であると綴っている。支庁をはじめ、東京都民生局、中央児童相談所からの回答がないことを突いているのである。

同年一一月四日付け新聞は、「十七名退所」の見出しに「無事故――四四日の新記録」の小見出しを付け、一〇月二八日に支庁長代理（厚生課長）、警察署長代理（主任）、村長らの出席の下に第二回退所式を挙行したことを報じている。このなかで「徳風会武蔵寮」の職員体制について、寮長の他に職員が「七名」であることを明らかにしている。依然として徳風会を冠していることも然ることながら、特筆すべきは、職員が「七名」に減っていることと、警察署長代理など公的機関の錚々たる来賓を迎えて退所式を挙行していることである。退所式のねらいは、残留「寮生」に退所の順番を納得させるためであったのか。

この報道から一年後の一九五二（昭和二七）年一一月九日付け南海タイムスは、「寮児　武蔵寮に放火世論に応え全員引揚げ」と題する大きな見出しを掲げ、武蔵寮の少年たちが起こした衝撃的な事件を五段抜きで報じている。以下、事件のてん末を報じた記事を抜粋して紹介しよう。なお、この記事では徳風会の名称はなく、「武蔵野会本部」としている。記者は初めて、運営主体に変更のあったことを確認したと思われる。

一一月六日午後一〇時、収容中の一五歳と一二歳の「孤児（不良児）」三人が「共謀して放火」し、武蔵寮の本館一棟百坪、食堂一棟五十坪を全焼した。警察署は一五歳の二人を「逮捕」、一二歳の一人を「保護留置」した。寮長の他に「職員四名で手不足の為寮児五十一名をもてあまし、収容人員を半減すべく去月下旬から武蔵野会本部へ順次移転を開始した。その結果六日現在で三十二名となり、三日復便で更に七名の移転が決まっていた。処が東京行に激しい憧れをもつ残留に決定の二十五名は不満やる方なく、『武蔵寮さえ無ければ悲願の東京行の目的も達成できる』との見解が強く」、三人が「共謀の上放火を決意応接室の障子を外へ持ち出し目茶々々にし、応接室押入の天井に詰め込みセルロイドにマッチで放火、炎上するのを確認して自室に帰り寝たふりをしていたもの。」

同寮では「去月十四日午後六時頃、職員の隙を窺って寮児五十一名全員が寮長室外に集合、職員を夫々カンズメにすると共に手に手に野球のバット、寝台の棒を振り廻し、刃をつきつけ、集団の威力を示し、寮長を表に出ろと脅迫、寮長の制止もきかず、物置近くでワラ等に放火、文字通り〝のろし〟をあげて威嚇しながら寮長室の、窓ガラスを破壊、電話線を切断、食糧倉庫の砂糖を押収、庭先の植木を薙ぎ倒す等空前の集団暴行、脅迫を行い、全員脱走、翌日までには全員捕まったが、遂には寮長は寮児達からの　一、自由外出を認めよ　二、厳重な訓戒反対　の二つの要求に屈服を余儀なくされたという怖るべき事件があり、この頃から寮児達の間に放火の空気が濃厚だった。」三根村では火災が起きる二日前の「四日村会でこの問題をとり上げ不安におびえる村内の実情に対処すべく附近警戒策を練った矢先だった」。

「火災当夜緊急村会協議会を開いた三根では当夜移転した富士りょう付近の警戒に消防団を当たらせる他、りょう児全員の即時引揚を決議、都民生局に対し強硬な申入れを行った。之に対し都側は八日便で係官を来島させ対策を講ずる旨の回答があったが、更に八丈島地区警察署でも関係方面に情況を通報、即時引揚げ方を要望したので中央では打合せの結果、寮児全員引揚げを決定した旨連絡があり、八日淡路丸で放火犯三名と二八名の寮児は引き揚げた」。島内の農家に預けられている「十四名のりょう児」については細谷寮長が帰島してから「処置をとること」になった。

5　全員引揚げによる閉鎖

空前絶後の、実に衝撃的な事件である。記事の内容が事実通りであるとすれば、施設内は一〇月に入って極度に混乱し、指導が行き届かない事態に立ち至っていたのであろう。その結果、急場をしのぐ策として、一〇月下旬から順次、少年たちを板橋の「武蔵野会本部」に移送し始めたが、それは残留少年たちにとってかえってマイナスに作用し、寮内の処遇がますます悪化の一途をたどる結果になったのであろう。

職員が四人で「手不足」であったのは、退職者が相次いでいたということか。また、「武蔵野会本部」への順次移送について、東京都民生局と、少年たちを措置した児童相談所と児童福祉司はどのように関わっていたのか。さらに農家に預けられている「十四名のりょう児」とは、武蔵寮に籍を置いたまま農家に預けられていたということなのか。実在したとされる富士寮の少年たちはどうなったのか。明確なことは、非常事態を前にやっと支庁と東京都民生局が動いたということである。

地元新聞が伝える「放火犯三名」の内、「保護留置」された一人は一二歳の触法少年であり、「逮捕」された二人は一五歳の犯罪少年である。この三人は東京に移送された後、二人は少年法で処分され、一人は児童福祉法で措置されたのではないかと思われる。

衝撃的な事件であることから、この事件は全国紙でも報道されているが、小さな扱いである。事件のあった二日後の同月八日付けの朝日新聞東京版は、「寮児三名を逮捕」の見出しと「八丈島武蔵寮の放火」の小見出しで、次のように報じている。

「六日午後十時ごろ八丈島三根村財団法人武蔵会所属不良児収容所武蔵寮（寮児三十二名収容）から出火、本館（百坪）と講堂兼食堂（五十坪）二むねを全焼した。八丈島地区署は同夜同寮々児某（一三）ら三名を放火の疑い。同署の調べによると、同寮は去月末半数の寮児を武蔵野市の本部に移していたところ、前記三名は〝この武蔵寮さえなかったら東京に移れる〟ものと思いこみ放火したものらしい。」

内容は地元新聞と異なり、取材不足のゆえか表現上の誤りがある。とりわけ「武蔵会所属不良児収容所」は、全国紙の記事としては甚だ乱暴かつお粗末な表現である。児童福祉法による養護施設であることを認識していなかったのか。運営主体が「武蔵（野）会」であることは伝えているが、「本部」の所在地も違う。施設の管理責任者である武蔵野会・理事長の保田の「功労者伝」は、この大事件に至った内外の事情について、興味深い記述をしている。紹介しよう。

「八丈島に於る氏の独創的（な）この施設は熱心なる氏の指導と純朴なる島民の協力とによって極めて短期間に著しい効果を挙げて、成績優秀なる少年は東京徳風寮に移されて上級学校への通学と就職斡旋の便が図られた。（略）

本会の施設は養護施設である関係上、その基準に従って指導しようとする態勢が整えられ、十七名の職員が夫々配置され何れも熱心にその職場を護っていたが、多分に矯正保護を要する児童も収容されていたので、時としては保姆だけでは解決の出来ない事態も生じた。こういう間隙に乗じて児童の放火という最悪の凶変に際し、島の特殊性から消火作業も十分に行われず、遂に二十七年十一月六日全焼したのである。

　ここに於て氏は初志の貫徹半ばにして多少の問題と疑義を抱きながらも八丈島の他の施設を閉鎖して再出発の日を待っている。」


「十七名の職員」は実態を覆い隠すものであるし、「矯正保護を要する児童」云々に至っては、養護施設の対象児童を説明する内容ではあり得ない。法令上の規定をごまかすものであり、このことを東京都民生局も措置機関である児童相談所（長）も承知の上で黙認していたということである。「最悪の凶変」は、このような事情を背景に起こったのである。「極めて短期間に著しい効果を挙げ」たという実績も事実に相違すると思われる。

　もうひとつ指摘すべきは、「消火作業」についてである。「全焼」したのは不十分な「消火作業」にあるとでも言いたげな綴りであるが、近隣の村役場と村会は、このような事態を予測して施設側に対応を申入れ、消防団を中心に日夜巡回し、警戒していたのである。「純朴なる島民の協力」どころではなく、困惑し切っていたのである。

　この大事件は全国の養護施設の現場に計り知れないほどの衝撃を与えたと思われるが、このことに関連する資料を見出すことができていない。事実を知ったとしても、同業者として口をつぐんでいたのかも知れない。

　筆者にとっては意外なことであるが、この大事件はひとりの作家に関心を持たせている。武田泰淳である。武田は、「H島で印刷した小型新聞」で「読んだ」とし、「H島の感化院」で起きた事件をヒントにしたとして『流人島にて』を執筆している。このなかでこの記事を詳細に引用している。おそらく朝日新聞の記事を目にして小説家として関心を抱き、地元の南海タイムスの記事にたどり着いたのであろう。

この衝撃的な事件が報道された後、武蔵寮に絡んだ南海タイムスの記事は、一九五三（昭和二八）年三月二九日付けの、八丈島に自ら舞い戻ってきた一六歳の元武蔵寮生の「危うく黒潮で逃走」と題するもので、以後、途絶えている。

武蔵寮とは直接関係はないが、一九四九（昭和二四）年五月三一日付け朝日新聞が注目すべき記事を掲載している。「小島（八丈島）に引き取られ　奴隷の一年半　恐怖を語る星野少年」と題する記事である。少年の訴えによると、多摩少年院に入院中の一五歳の少年ら四人は退院時の一九四八（昭和二三）年一月末に島民に引き取られ、島に渡ったが、強制労働と虐待の日々で仲間の二人が衰弱死、一人は行方不明となり、自分は中学校の先生に助けられ、東京に舞い戻ることができた、というのである。これには多摩少年院教務課長による「安心して渡したが」と題する談話が掲載されており、「少年たちが酷使、虐待されたということについては、否定する材料はない。少年の話が事実とすればおそろしい。保護者のない少年のため立派な施設がどうしても必要だと思う」とある。

武蔵寮をはじめ、富士寮など関連の施設がすべて閉鎖されたのは、社会福祉法人・武蔵野会の『三五年史』によると、一九五三（昭和二八）年とされているが、実態は施設の全焼により機能不全に陥った一九五二（昭和二七）年一一月をもって、事実上閉鎖されたというべきなのであろう。およそ五年の歴史に幕が下されたのである。

武蔵寮放火全焼事件は、今日からしても、島民、警察署、消防団、行政、裁判所、東京都民生局、児童相談所などを巻き込んだ歴史的事件であったが、なぜか、前掲の『八丈島警察署五十年史』も『伊豆諸島東京

移管百年史　下巻』[48]もまったく触れていない。不可解なことは、『百年史』は、一九五〇（昭和二五）年の一月から二月にかけての三人組の窃盗事件と同年九月の二人組のカヌーを使った脱走事件を取り上げているのに、放火全焼事件は触れていないのである。意図的に除いたということなのであろうか。それが事実であるならば、その理由は何か。東京都八丈支庁と民生局にとって不祥事だったからか。

6　当時の武蔵寮を知る島民の証言

筆者は、二〇一二（平成二四）年六月二九日～三〇日の二日間、八丈町を訪れ、ささやかながら聞き取り調査を行った。インタビューを行った主な関係者は、南海タイムス・菊池まり氏の他、大澤幸一氏（昭和二二年生まれ、六五歳）、大澤正則氏（昭和七年生まれ、八〇歳）、田代時夫氏（昭和一八年生まれ、六九歳）、A氏（六〇歳代）である。

第一に、南海タイムス社の菊池まり氏である。記者として取材中に島民から聞いた話として筆者が又聞きした内容は、武蔵寮の元寮生に関わる貴重な証言である。

「二〇一一（平成二三）年一二月のことだが、武蔵寮のあった敷地の入口の真ん前に、高齢の男性二人がしばらくの間、たたずんで話し込んでいるのを、すぐ近所のAさんが目撃し、話しかけたところ、かつて施設に入所していたことのある者だと名乗り、『弟がY市で店を出し、それを兄の自分が手伝っている。自分はかつてここにあった施設に入れられていたことがあった。忘れられない場所で、懐かしい。ひどい扱いを受け、叩かれたこともあった。腹を空かせたときに、ときどき近くの家の人から、サツマイモをもらって食べたことがある。有り難かった。最後は施設が火災で焼け落ちて東京に帰ることができた。』と言っていた、という。Aさんによると、兄弟の名前も住所も聞いていないということだった。」

第二に、施設の近隣住民である。当時の施設や寮生の様子をはじめ、火災が発生した当日の切迫した状況について、次のような話を聞くことができた。

「武蔵寮があった頃は就学前の四歳～五歳だが、かすかに記憶に残っている。寮のあった土地の所有者は今日まで変わらずKさんであるが、とっくに島を離れている。火事で全焼してからはずっと更地になっている。元々は、正面の入り口から寮の建物まで傾斜になっていた。火事で全焼した後、土を入れてかさ上げした。当時、施設に見張り所のような建物があって、そこにKさんが住んでいたように思う。自分が学校に上がる前のことだが、施設の子どもらとの運動会があって、パン食い競走に出たのを覚えている。寮の子どものことは、私が大きくなってから、地元の住民から、家に入られて釜の飯を食われたというような話をよく聞いたことがある。」

「道路を挟んで施設のまん前が私の家だ。（筆者の持参した写真16に対し）これは施設の建物の前で撮ったもの。この長屋の建物は、戦時中に軍が使っていたもので、戦後に転用されたと聞いている。

施設に収容される子どもらは船で神湊港に入り、そこから徒歩で施設まで来ていたのではないか。子どもらは収容されると丸坊主にされていた。子どもらのなかには、頭を油でなで付けたようなのもいたが、すぐに丸坊主にされていた。子どもらについては、不良ではあるが、金持ちの、良い家庭の出身と聞いていた。自分もそのように思っていた。でも、子どもらの口のきき方がちんぴらみたいで、怖いと思った。島民は施設のことを感化院と呼んでいた。施設の子どもかどうか分からないが、女の子どもらしいのが一人いたのを見かけたように思う。女の職員だったのか。

近所の子どもと施設の子どもが遊ぶようなことはなかった。毎年一一月三日は三根小学校で総出の運動会で、これには施設の子どもらも参加していた。その後の相撲大会にも施設の子どもらが参加していた。小学校が招待したのかな。施設の子どもらは身体が大きくて運動は強かった。施設の子どもが近所の小学校や中学校に通っていたことはない。

職員は島の人ではなく、島外の人ばかりだったのではないか。

（筆者の持参した**写真17**に対し）これはメロン畑だ思う。当時、この辺の農家でも栽培していた。とてもいい匂いだった。子どもらは農作業のときは、こんないい格好の服装ではなかった。もっとひどかったな。いろんなところに畑（農園）があり、子どもが働きに出ていた。大賀郷や垂戸にも働きに行っていた。

さつまいもの収穫期になると、施設の子どもらが土手を登って来て、よく泥棒された。近隣の農家は盗られないように用心していた。施設を逃げ出す子どもらが多かった。三根村役場の床下に隠れていた子どもがいた。住民は戸締りをするようにしていた。島民が腹を空かせた施設の子どもにさつまいもを食べさせたという話はよく聞いている。可哀想に思い、同情したのだと思う。

施設の子どものなかには、島内で職を得て働きに出た者もいた。就職だったのだろうな。施設が全焼したとき、私は二〇歳前後だったが、風が吹いていて、自宅の敷地内の牛小屋に飛び火しそうになった。燃え移らなかったが、大変な火事だった。施設が全焼した後、子どもらがどこに行ったのか、まったく記憶がない。後で、全員が東京に帰ったという話は聞いた。

子どもの施設の他に、障害者の寮があったという話は聞いたことがない。当時、障害者が働いていたという話も〝富士寮〟という名前も聞いたことがない。」

「私の家は施設のすぐ隣にあった。施設の周囲は農家が点在しているだけで、それ以外には何もなかった。施設の正門に看板がかかっていたかどうかは覚えていない。施設の建物は白い長屋で、周囲には塀はなく、裏は樹林で覆われていた。

〝先生〟と呼ばれていた人と賄いのおばさんがいたように思う。施設のことで一番思い出に残っているのは、幻燈を見せてもらいに行ったことかな。施設のなかで遊んだこともある。当時、私は事情が分からなかったので、〝お兄ちゃん〟、〝お兄ちゃん〟と言って懐いて、施設の子どもらに可愛がってもらった。どういう子どもらなのか、どういう施設なのか、まったく知らなかった。

施設の子どもらが抜け出してさつまいもを盗むという話は後でよく聞いた。腹を空かせていたと思う。山中に逃げても食べるものは何もないので、結局、畑のものか家のなかのものをねらうしかなかったと思う。施設の子どもらが畑の仕事に出かけるときは、白いトレパンのような仕事着で、まとまって徒歩で出かけていた。（筆者の持参した**写真17**に対し）これはまくわ瓜の畑ではないかな。

施設の火事はよく覚えている。総出の運動会の前の打合せか、運動会が終わった後の会合だったか、とにかく自宅に大人が集まっていたときに、〝火事だ、火事だ〟、という声で大騒ぎになり、自分も飛び出した。ものすごい火事だった。みんな一斉に屠殺場の方に逃げた。自分たちは逃げるのに精いっぱいで、施設の子どもらがどうなったのか、まったく覚えていない。」

第三に、調査のための移動中にたまたま出会った島民である。

「武蔵寮という名前は覚えていないが、三根の徳風会なら知っている。武蔵寮という名前ではなく、徳風会の方が知られていたのではないか。武蔵野会なんて名前は知らない。

自分の知り合いに、この施設の出身で島に残り、今も元気に働いて暮らしている人がいる。すっかり島の人間になっている。」

以上の証言から、判明したこと及び推測できることは、以下の四点である。

①　集合写真について（写真16）

・児童も職員・大人も正装していることから、退所式当日の写真か。職員以外の大人は支庁や警察署の関係者か。女性職員は一人。

・証言してくれた近所の島民は、誰もが職員の名前を知らなかった。

・正面の建物の奥に、窓に格子の入っている白い建物が見えるが、寮舎であろう。

②　寮児の畑仕事の写真について（写真17）

・当時、近隣の農家は主にさつまいもを栽培していた。『温故知新』の写真のキャプションでは〝キュウリ〟となっているが、島民の証言ではメロンかまくわ瓜の畑か。作業服は、写真の姿とはだいぶ違っていて、当時はもっと粗末であった。

③　施設についての島民の認識

・徳風会から施設の運営を引き継いだ武蔵野会のことはまったく知られていなかった。

・共通した認識は、〝徳風会〟と不良少年の〝感化院〟で、養護施設という認識はまったくなかったのではないか。

・敷地は所有者と貸借関係があっただけで、財団法人の所有地にはなっていなかったのではないか。

④　寮児の問題行動

・寮児による問題行動は南海タイムスの記事の他に、窃盗、住居侵入など、実際にはもっと多くの非行が行われていた。その大部分は食糧にからむものであった。

・施設が全焼したときの寮児の動向について証言した二人がともに、よく覚えていないという。その理由は、施設に火を放った後、寮児はそろって「脱走」し、地元民による救助の必要性がなかったため、記

《写真16》寮舎前にて寮生と職員（『温故知新』所収）

《写真17》寮生による農作業（『温故知新』所収）

憶になかったものと思われる。
・島民は寮生の問題行動に困惑しながら、その一方で同情し、食糧を与えていた。

⑤　武蔵寮以外の寮について

・施設が全焼した後、寮児が「脱走」し、保護された場所が「富士りょう」であったとされていることについて、近隣の島民がその存在を知らなかったのは、富士寮の名称が内輪で通用するだけで、島民には知られていなかったからではないか。南海寮も同様で、保田の「功労者伝」では、確かに実在したと綴っている。しかも、富士寮については三〇名定員で「通学児童の為に」としているのである。しかし、筆者の現地調査では、寮児が島内の学区の小学校、中学校に通学したという形跡も証言もない。

⑥　寮児について

・寮児の大部分は男児であったが、少数の女児が在籍していたことが確認できた。『温故知新[19]』にも、男児に混じってラジオを聴く女児らしき姿の写真が掲載されている。

第四節　評価と課題

1　教訓化されなかった小笠原島の府立感化院の失敗

児童福祉法に基づく養護施設・武蔵寮は、「収容児童」による暴力行為と放火、「脱走」という異常な問題行動によってあっけなく瓦解した。明治時代の中期に創業し、「孤児院」といわれていた時代までさかのぼり、さらに児童福祉法に基づく養護施設となって以後の七〇年を含めると、児童保護施設の歴史はとうに一〇〇年以上を積み重ねるが、その長い歴史のなかで前代未聞の事件である。経営者側の不祥事というような言葉で片付けられるものではなく、まさに「収容児童」の直接蜂起による反乱であった。乱暴狼藉を働くだけではなく、自分たちの要求を突きつけているのである。しかも、まっとうな要求である。

事件当時、彼らの反乱的行為を一旦は押さえることができたとしても、武蔵寮は存続できなかったであろう。なぜなら、施設を取り巻く内外の事情は無法状態に近く、施設運営の維持は困難であったと思われるからである。処遇に必要な職員を確保できていない上に、「収容児童」から反抗され、島民からも不審の念を起こされ、「島外移転」を迫られているような施設は早晩、閉鎖＝廃止の運命にあったと言わざるを得ないのである。

戦前、東京府が小笠原島で行った「不良少年」を対象とした棄民政策の失敗は、拙稿「東京府立小笠原修斉学園史――拓殖政策推進の『尖兵』となった感化院生たち」[50]で明らかにした通りである。東京府内の不良少年たちは、「拓殖」政策の名のもとに、東京府の措置で続々と小笠原の父島に送致され、感化教育を受けるよりも何よりも先に、島の農家の労働力として酷使されることが優先され、その挙句に、一部の少年は、病死したり、事故死したり、あるいは殺されたり、反抗して罪を犯し、逮捕されて本土に送り返されたりするという悲惨な状況に見舞われた。感化教育も拓殖も失敗だったのである。

五年間にわたり八丈島で繰り広げられた武蔵寮の事業は、かつて東京府の手によって小笠原島で行った誤謬の再現であった。戦争の犠牲者である戦争孤児を「狩り込み」し、八丈島に「島流し」をして「隔離」し、農作業に駆り出し、近隣農家に働きに出していたのである。施設の事業の全容が解明できているわけではないが、処遇の中身は養護施設とはほど遠い。教護院とも違っていた。後には島民の理解も支持も得られなくなり、施設の事情は、東京都に対して「島外移転」の声が上がるほどに悪化していたのである。

東京都は民生局長まで送り込んで施設のてこ入れを行ったふしがあるが、功を奏さなかった。明らかに政策の失敗である。東京都民生局は、戦前の東京府時代に小笠原島に創設した府立感化院・小笠原修斉学園の失敗の歴史から何も学んでいなかった。

教訓化していなかったのは東京都民生局ばかりではない。養護施設・武蔵寮の原型である武蔵農園を構想し、財団法人による運営に踏み切った国立武蔵野学院も同様である。武蔵野学院も戦前、多数の退院生を小笠原島に送り込んで、失敗していたのである。

東京都民生局はなぜ、こうしたかつての政策の失敗から学ばず、再び同じ誤謬を犯したのか。小笠原での失敗の背景については、拙稿「東京府立小笠原修斉学園で感化教育実践に関わった教職員たち――東京都公文書館の保存資料等を手がかりに[53]」でも若干触れたが、東京府は小笠原での失敗を総括することなく、台風によって施設の建物が倒壊したことや財政不足などを表向きの理由に廃止したこと、小笠原での実践で得た教訓を再建された府立誠明学園（現、都立誠明学園）に引き継がなかったこと、などの問題があった。

武蔵寮の事業に関わった東京都民生局は、このような東京府時代の失敗の実例を教訓化していなかったのである。忘却の彼方に押しやっていたというべきであろうか。当時の民生局で養護施設を担当していた児童課は、小笠原の失敗を想起することなく、「特質浮浪児」を八丈島に「島流し」をして「隔離」し、島内の農家の労働力にすれば、都内の治安の維持にもなるし、島の農家のためにもなると、きわめて単純に考えていたのであろう。

2 解明すべき課題

以上、八丈島の武蔵寮について、創業から閉鎖に至る過程をたどったが、解明の端緒を開いたに過ぎず、さらなる解明作業が必要である。以下の四点である。

(1) 処遇の実態

第一に、武蔵寮の処遇についての解明である。とりわけ職業指導と義務教育の実態解明が必要である。就学年次の児童を就学させることなく、就労させていたことは明らかである。保田の「功労者伝」によると、児童を通学させるために富士寮を設置したとなっているが、そのような史実はない。なぜ、近隣の小中学校への通学ができなかったのか。「特質浮浪児」ゆえに、村の意を汲んだ地元の学校が就学に難色を示したのか。それとも就学よりも就労を優先したからか。武蔵寮の「収容児童」が毎年、地元の三根小学校の運動会に参加していたという島民の証言は、後者の可能性を強くするものである。

また、就学年次を過ぎた少年に就労を課していることは良いとしても、農家に委託した場合、児童福祉施設最低基準に規定する「労働の対価として賃金[13]」が支払われていたのかどうかも大きな問題である。地元新聞の記事には、悪さをして捕まった少年の供述内容と、寮長の処遇についての説明が綴られているが、いずれも賃金の支給には触れていない。ただ働きか施設への収入になっていたのであろうか。

(2) 後援機関の変遷過程

第二に、国立武蔵野学院の「後援機関」であった徳風会が、東京出張所の武蔵寮と徳風寮の事業を、武蔵野会の組織化に関わっていた保田義男に譲渡した経緯の解明である。そのためには、二つの運営組織にまたがって理事として主導権を発揮しながら武蔵野会の事業に乗り換え、武蔵野会の創立者となった保田義男の動向の解明が必要不可欠である。

元国立武蔵野学院長・徳地昭男氏によると、「調査課に勤務していた一九七〇年代の半ば頃、学院を訪ねてきた保田義男氏に会ったことがある」とのことであった。その当時、保田は七〇歳代である。社会福祉法人・武蔵野会の創設時における未解決問題があったのか。

これに関連することであるが、今日の社会福祉法人・武蔵野会の歴史をたどったなかに登場する、国立武蔵野学院の「外郭団体」として出発したとする表記についてである。「後援機関」であったのか、「外郭団体」であったのか、それとも「姉妹関係」であったのか。この点については、創業以後の変遷過程を検証し、明確にすべきであろう。保田の「功労者伝」は、武蔵野会が「国立武蔵野学院の後援団体徳風会として発足し」たとした上で、歴史的な経緯に触れている。

社会福祉法人・武蔵野会が「国立武蔵野学院の外郭団体」であったと語っているのは、元社会福祉法人武蔵野会理事長の山田二三雄である[19]。しかし、国立武蔵野学院の『五十年誌』では、そのような記述はない。なお、国立武蔵野学院の「後援機関」であった徳風会東京出張所から分離独立した武蔵野会が、板橋の徳風寮と八丈島の武蔵寮の事業（東京支部）を引き継ぎ、後に建物が「譲渡」された歴史的経緯から、保田は後に、徳風会と武蔵野会の関係を「姉妹団体[33]」と表現している。

(3) 東京都民生局の果たした役割

第三に、東京都民生局の果たした役割である。八丈島における東京都の「特質浮浪児の恒久施設」対策は失敗に帰したと評価しなければならないが、そうであるならばなおさらのこと、創業から閉鎖に至る過程で、たとえば、児童福祉法に基づいて養護施設として認可したとき、運営主体が変更されたとき、施設を全焼させる直前、少年たちが不安定な状況下にあり、島民が「島外移転」を求めていたときに、どのように受け止め、いかなる役割を果たしたのか。このことは支庁の動向とともに解明されなければならない問題である。

(4) 児童相談所・児童福祉司の対応

第四に、武蔵寮の処遇に関して、児童相談所と児童福祉司はどう対応をしたかである。地元新聞の記事には、問題を起こした少年の「過去」や向後の処遇をめぐって、東京都中央児童相談所がほんの一、二度登場する程度である。長い歴史を誇る東京都児童福祉司会の当時の『会報』を閲覧したことがあるが、八丈島の施設に関する回想録が登場しない。措置児童を八丈島に引率したのは誰なのか。児童福祉司と思われるが、回想録にそれがないのは実に不可解なことである。前記したように、神奈川県児童相談所の「鑑別員」の箕輪実は、割愛で措置する児童を船に乗せて現地に「連行」しているのである。

かつて民生局の職員で、一九五一（昭和二六）年から三年間、東京都の直営養護施設・あづさ園の指導員として現場実践に取り組んでいた浅羽重雄氏に、当時のあづさ園や箱根児童学園などでの養護実践について尋ねたことがあった。そのとき、浅羽氏は筆者の問いに、八丈島に武蔵寮があったことも、「収容児童」の反乱で施設が閉鎖に追い込まれた事情も、〝聞いたことがない、初めて聞く話だ〟と語っていた。

筆者の推測ではあるが、民生局内の上層部では、放火全焼事件に遭遇した武蔵寮の問題にはかん口令が敷かれていたのではないか。それゆえ、浅羽氏のような現場職員には事実が知らされず、周囲に広まらなかったのではないか。関連することであるが、前記したように、地元新聞以外では朝日新聞東京版がわずかな記事を掲載したに過ぎないことも、そのことをうかがわせるものである。

〈引用・参考文献〉

1　「京濱地方浮浪児等保護委員会規定」一九四六年一〇月一二日、東京都公報
2　小川武「戦災孤児は訴へる！　都立養育院訪問」『VAN』第二巻第一一号、イブニング・スター社、一九四七年四‐五月
3　東京都民生局『民生局年報　昭和二十一年度』一九四七年
4　東京都民生局『民生局年報　昭和二十三年版』一九四八年
5　『東京都管内公私社会事業施設一覧』東京都民生局総務課、一九四八年三月
6　東京都民生局『民生局年報　昭和二十四年版』一九四九年

7 『東京都管内公私社会事業施設一覧』東京都民生局総務課、一九四九年一一月
8 東京都民生局『民生局年報　昭和二十五年版』一九五〇年
9 東京都八丈支庁『昭和二五年四月　八丈支庁管内概況』一九五〇年
10 東京都民生局『民生局年報　昭和二六年版』一九五一年
11 東京都民生局『民生局年報　昭和二七年版』一九五二年
12 『養育院八十年史』東京都養育院、一九五三年
13 松崎芳伸『児童福祉施設最低基準』日本社会事業協会、一九四九年
14 武田泰淳「流人島にて」『ひかりごけ・海肌の匂い』新潮文庫、一九六四年
15 国立武蔵野学院『国立武蔵野学院五十年誌』一九六九年
16 八丈島警察署史編集委員会編『八丈島警察署五十年史』警視庁八丈島警察署、一九七六年
17 東京都誠明学園『東京都立誠明学園三十年史稿――東京都における教護事業の歩み』一九七八年
18 箕原實編著『児童福祉カウンセリング』洋々社、一九九三年
19 『温故知新――古きをたずね新しきを知る三五年の歴史』社会福祉法人武蔵野会、一九九八年
20 「徳風会八丈島状況概要」『財団法人徳風会役員議事録』所収、年月日不明、国立武蔵野学院図書・資料室蔵（以下、32を除いて46まで同）
21 「八丈島無線通信所払下に関する件」財団法人徳風会理事長青木延春名　厚生省社会局長宛て通知『財団法人徳風会資料』一九四六年一一月二六日
22 「申請書」「趣意書」『財団法人徳風会資料』一九四六年八月
23 「財団法人徳風会八丈島農場計画要項」『財団法人徳風会資料』一九四六年八月
24 「八丈島略図」『財団法人徳風会資料』一九四六年八月
25 「生活保護法による保護施設認可申請書」財団法人徳風会代表者青木延春名　東京都長官宛て『財団法人徳風会記録』一九四六年一一月
26 「請求書」財団法人徳風会理事長青木延春名　東京都長官安井誠一郎宛て『財団法人徳風会記録』一九四七年一

月
27　「八丈島武蔵農場と徳風会との関係」『財団法人徳風会資料』一九四七年九月二四日
28　徳風会理事長・青木延春名で保田義男に宛てた書簡『自昭和一九年度至昭和二八年度　財団』一九四九年四月三〇日
29　保田義男の「辞任願」及び登記簿抄本『自昭和一七年度至昭和三一年度』一九五一年五月二二日及び同年五月二三日
30　財団法人徳風会理事長・青木延春らの理事と保田義男、廣江精一との会談『自昭和一九年度至昭和二八年度財団』一九四九年六月一一日
31　「徳風会東京支部の処置について」『自昭和一九年度至昭和二八年度　財団』一九四九年六月一六日
32　児童憲章研究会編『児童憲章を活かす道』法政大学出版局一九五一年七月
33　財団法人徳風会理事長・青木延春に宛て「児童福祉施設『建物』有償譲渡の御願いに就て」武蔵野会理事長・保田義男『財団法人徳風会所記録』一九五五年一月一〇日
34　財団法人徳風会理事長・青木延春に宛て「児童福祉施設『建物』有償譲渡の御願いに就て」東京都認可養護施設理事長・保田義男『財団法人徳風会所記録』一九六一年九月一日
35　「昭和二十年度財団法人徳風会事業計画要項」『財団法人徳風会役員議事録』年月日不明
36　「昭和二十一年度財団法人徳風会事業計画要項」年月日不明
37　「財団法人徳風会昭和二十一年度事業成績」年月日不明
38　「財団法人徳風会昭和二十二年度事業成績」年月日不明
39　「昭和二十二年度財団法人徳風会事業計画要項」年月日不明
40　「財団法人徳風会事業計画一覧」年月日不明
41　「昭和二十三年度財団法人徳風会事業計画要項」年月日不明
42　「昭和二十五年度財団法人徳風会事業計画要項」『財団法人徳風会記録』年月日不明
43　徳風会事業計画書（タイトルなし）『財団法人徳風会記録』年月日不明

44　「八丈島一般図」『財団法人徳風会資料』年月日不明
45　「現在迄の実績」『財団法人徳風会資料』年月日不明
46　「八丈島地図（五万分の一）」一九五二年
47　細谷廣親「頭のハゲタ若人の追想」日本社会事業大学卒業生文集「わが青春の光と影――卒業生の随想で綴る原宿村随想」『はらじゅく』第一号、一九八一年六月
48　東京都島嶼町村会編纂委員会編『伊豆諸島東京移管百年史　下巻』ぎょうせい、一九八一年
49　座談会「東京都児童相談所の草創期をふりかえって」（未定稿）一九八九年三月二三日、東京都児童相談センター資料室蔵
50　藤井常文「東京府立小笠原修斉学園史――拓殖政策推進の『尖兵』となった感化院生たち」『東京都高等保育学院紀要第』第一五号、東京都高等保育学院紀要編集委員会、東京都社会福祉振興財団、一九九五年
51　『社会福祉人名資料事典』第二巻、日本図書センター、二〇〇三年
52　藤井常文「終戦後における東京都の『特質浮浪児』対策の拠点となった養護施設（1）――八丈島に創設された武蔵寮の歴史」『明星大学社会学研究紀要』第三二号、二〇一二年
53　藤井常文「東京府立小笠原修斉学園で感化教育実践に関わった教職員たち――東京都公文書館の保存資料等を手がかりに」『東京社会事業史研究』第八号、東京社会事業史研究会、二〇一四年五月
54　『南海タイムス』縮刷版2、南海タイムス社、一九八一年
55　『南海タイムス』縮刷版3、南海タイムス社、一九九一年

あとがき

このたび、一冊の単行本として刊行することにしたのは、戦争孤児に関わって、東水園と武蔵寮の二つの養護施設の史実を、広く知ってもらう必要があると感じたからである。すべてを戦争のなせるわざであり、占領期という混乱した事態下でなされた事業で片付けるわけにはいかないのである。東京都民生局は、二つの養護施設の創業に積極的に加担しながら、廃止に当たっても、廃止された後も、総括することもなく、相前後して廃止されたいくつかの養護施設と同じレベルで施設名を統計に留め置くだけである。

しかしながら、いくつかの問題を抱えながらも、当時の混乱した社会状況の下で「戦災孤児」や「浮浪児」の養育に懸命に努力した多くの養護施設と同等のレベルで評価できるとは思えないのである。二つの養護施設を所管した東京都民生局が、要保護児童のなかで、とりわけ「特質浮浪児」を対象に「隔離」政策を行い、彼らに「島流し」の烙印を押した役割を、児童福祉の戦後史に位置づけ、教訓化しなければならないと思ったのである。

もうひとつの理由は、多くの国民の反対にも関わらず、二〇一五年九月の国会で安全保障関連法が強行可決され、成立したことである。多くの国民が、わが国が再び戦争を起こすのではないかと危惧するようになっている。戦争は間違いなく子どもを不幸に落とし込め、弧児を生む。そうした事態に陥らないように歯止めをかけなければならない。二つの養護施設の史実は、このことを厳しく私たちに教えてくれるのである。

本書の作成に当たっては、第二章では、東京水上警察署長・高乗釋得の三男・高乗正臣氏より、多数の貴重な記録や資料、写真をお借りした。ご尊父の逸話を聞かせていただいた上に、資料の在り処についてもご教示いただいた。戦争孤児の会代表の金田茉莉氏からは手紙や電話で、有益な助言をいただいた。第三章では、南海タイムス社の菊池まり氏には、現地調査で案内してくださった上に、貴重な写真や資料などを閲覧させていただいた。現地調査では、八丈ふるさと塾の林薫氏をはじめ、いく人かの方から貴重な話を聞かせていただいた。

ご多忙ななか、労を執ってくださった皆様に、改めて深く感謝を申し上げたい。

最後になるが、本書出版の機会を与えてくださり、編集の労をとってくださった明石書店の森本直樹氏に心より感謝を申し上げる。

〈付記〉

初校ゲラに手を入れ終わった直後にソーシャルワーク実習の巡回で訪れた児童養護施設で、筆者は思いがけない文献を目にした。『那古学園45年のあゆみ』（二〇〇〇年）である。何の気なしに頁をめくって、釘付けになった。第四代目園長・山田稔雄が東京都の直営養護施設・那古学園（二〇〇〇年三月末日、閉園）の前史として東水園の歴史を取り上げ、筆者が本書で充分な解明ができなかった事柄についても触れていたのである。以下、そのいくつかを紹介しよう。

・第五台場の東水園は、一九四七（昭和二二）年八月一三日にいったん廃止となった。

・第一台場に完成した建物を東京都から貸与された港区は、施設運営を「戦災者救護会深川寮」に委託し、東水園の名称のままで事業を再開させた。

・第一台場の東水園は閉鎖となる直前、園内で集団赤痢が発生し、七、八名の児童が真性と診断され、都立荏原病院に強制入院となった。園の衛生設備は劣悪であった。
・東水園の児童は二回にわたり、トラックで東京都箱根児童学園に転園した。一回目は一九四七（昭和二二）年八月、第二回目は一九五〇（昭和二五）年一月、いずれも一五名ほどであった。移送のとき、東水園の職員から、「三名の児童が寒い海を泳いで逃亡、内一名が溺れて死亡した」と聞かされた。
・『お元気ですか』（本書一三八頁）は、都職労民生局支部発行の退職者会報（第一六号 一九八七年一月号）で、かつて第一台場の東水園の職員であった石坂広二が「私と子供達との出会い」と題する一文を掲載し、当時の施設の事情を詳細に綴っている。

山田稔雄はこの他にも、東水園の事情を浮き彫りにする重要な史実を明らかにしている。

筆者が感銘を受けたのは、短期間での定期異動を余儀なくされる東京都幹部職員の山田が施設史の重要性を認識し、那古学園前史として、東水園をはじめ、箱根児童学園、あづさ園、中井児童学園など、すでに廃止になっている直営施設について、当時の処遇実態を明らかにしていたことである。歴史的に価値の高い資料を記録してくれたことに、筆者は直営の養護の現場に身を置いた一人として、敬意を表し、感謝を申し上げたいのである。

二〇一六年八月

藤井常文

著者紹介
藤井常文（ふじい・つねふみ）
明星大学人文学部福祉実践学科教員。1949年、北海道生まれ。1973年4月、東京都民生局（現、福祉保健局）に福祉指導職として入都。児童福祉施設、児童相談所などに勤務。2010年4月より現職。社会福祉士。著書に『キャロル活動報告書と児童相談所改革』（明石書店、2010年）、『谷昌恒とひとむれのこどもたち――北海道家庭学校の生活教育実践』（三学出版、2014年）など。

戦争孤児と戦後児童保護の歴史
――台場、八丈島に「島流し」にされた子どもたち

2016年9月23日　初版第1刷発行

著　者　藤　井　常　文
発行者　石　井　昭　男
発行所　株式会社　明石書店
〒101-0021　東京都千代田区外神田6-9-5
電　話　03（5818）1171
ＦＡＸ　03（5818）1174
振　替　00100-7-24505
http://www.akashi.co.jp

装　幀　明石書店デザイン室
印刷所　株式会社文化カラー印刷
製本所　本間製本株式会社

（定価はカバーに表示してあります）　ISBN978-4-7503-4405-8

キャロル活動報告書と児童相談所改革

児童福祉司はなぜソーシャルワークから取り残されたか

藤井常文［著］　倉重裕子［訳］

◎A5判／上製／248頁　◎3,300円

占領期に国連の社会活動部から日本に派遣され、児童相談所を取り巻く機構改革に取り組み、数多くの問題提起や提言を行ったルイス・A・キャロル。その報告書は後の児童福祉法の改正と児童相談所・児童福祉司の制度改革に多大な影響を与えた。報告書の抄訳と解説。

【内容構成】

〈価格は本体価格です〉